KB183700

이렇게 중학생이 됩니다

18년 차 초등 교사가 알려 주는 6학년의 세계

초판 1쇄 발행 2024년 12월 10일

지은이	이승미
펴낸이	이영선
책임편집	이현정

편집	이일규 김선정 김문정 김종훈 이민재 이현정
디자인	김회량 위수연
독자본부	김일신 손미경 정혜영 김연수 김민수 박정래 김인환

펴낸곳 서해문집 | 출판등록 1989년 3월 16일(제406-2005-000047호)
주소 경기도 파주시 광인사길 217(파주출판도시)
전화 (031)955-7470 | 팩스 (031)955-7469
홈페이지 www.booksea.co.kr | 이메일 shmj21@hanmail.net

ISBN 979-11-94413-15-8 03370

이 도서는 충청북도교육도서관의 교직원 책 출판 지원 프로그램 지원금을 받아
제작되었습니다.

이렇게 중학생이 됩니다

18년 차 초등 교사가 알려 주는
6학년의 세계

이승미 지음

서해문집

프롤로그

6학년의 세계에
오신 것을
환영합니다

아동에서 청소년으로 이동하는 시기의 초등 6학년 아이들은 많은 변화를 겪습니다. 어른과 비슷해 보일 정도로 신체적인 성장이 두드러지고, 여러 지식과 개념을 복합적이고 논리적으로 사고하기 시작합니다. 사춘기에 접어들며 자기 정체성에 대해 고민하고 기존의 규칙에 물음을 갖거나 거부하기도 합니다.

영화 〈사운드 오브 뮤직〉에서 폰 트랩가의 일곱 아이들은 12번째 가정 교사로 온 마리아가 다른 선생님들처럼 아버지의 요구대로 엄격하게 통제할 거라 생각합니다. 그리고 늘 그랬듯 선생님에게 무례한 첫인사를 건넵니다. 만으로 열한 살, 우리나라로 치면 6학년 또래인 커트는 자신이 '구제 불능'이라고 선전포고하듯 소개하는데요. 선생님의 반응을 살피던 커트는 마리

아의 '축하한다'는 뜻밖의 대답을 듣고 당황합니다. 구제 불능의 뜻을 알고 계시냐는 커트의 물음에 마리아는 '소년답게 대우받고 싶다'는 의미라며 그를 존중하지요.

교사는 교실에서 위와 비슷한 상황을 자주 겪습니다. 인정받고 싶은 마음에 선생님을 시험에 들게 하거나 자기가 좋아하는 분야의 지식을 친구들에게 뽐내려는 아이들을 만납니다. 그럴 때마다 교실에서 함께 생활하는 유일한 교육 전문가로서 아이들 감정의 근원을 읽고 지혜롭게 중심을 잡는 역할을 하게 됩니다. 그 역할은 사회의 올바른 가치를 일방적으로 제공하고 아이들이 수용하기를 바라는 데 있지 않습니다. 문제를 다양한 면에서 바라보고 스스로 판단하도록 도우며, 서로 의견을 교류하는 장을 마련해 더 높은 단계로 발전하는 기회를 제공하는 데 있습니다. 이러한 접근을 통해 아이들은 앞으로 자신을 위한 공부에만 매몰되지 않고 공동체의 삶이 나아가야 할 방향에 대해 논의할 수 있는 사회의 일원이 될 것입니다.

그렇다면 공감보다는 혐오와 차별이 심해지고 있는 이 시대에 아이들은 무엇을 배워야 할까요?

저는 아이들이 다른 사람과 건강한 관계를 맺을 수 있도록 기다림을 가르쳤습니다. 노동, 소수자, 환경 등 우리가 세상에서 만나는 여러 일들에 대해 생각해 보기를 독려하고 경쟁보다 연대의 가치를 지향하며 살아가길 바랐습니다. 몸과 마음이 급격히 성장하고 주변이 크게 변화하는 시기인 만큼 불안감을 다독이는 활동도 잊지 않았습니다. 자신의 성숙을 돌아보며 성취감과 자존감을 느낄 수 있도록 생각의 흔적을 글로 남기게 했습니다.

무엇보다 학급의 소식을 쉽게 공유할 수 있는 '학교종이' 앱을 적극적으로 활용했습니다. 교실에서 학생들과 함께한 이야기와 아이들의 성장을 글과 사진, 영상으로 가정에 전하고 보호자와 꾸준히 소통하며 교사의 교육관을 알렸습니다. 보호자들이 자녀의 학교생활과 중학교 진학에 관한 걱정을 덜고 교육적으로 같은 방향을 향해 갈 수 있기를 기대했습니다. 가족이 모이는 저녁 식사 시간이 교실 이야기로 채워지기를 바랐습니다. 이 책은 그 마음을 담아 쓴 글들을 엮고 다듬은 것입니다.

믿는 만큼 성숙한다고 하지요. 얼마 전 졸업한 제자가 편지를 써 왔습니다. 지나고 보니 선생님의 마음이 무엇이었는지 깨달았다 합니다. 그리고 덕분에 생각의 폭이 넓어지고 세상을 깊이 바라보게 되었다고 이야기합니다. 한발 앞에서 이끌기보다 뒤에서 지켜볼 때 스스로 자라는 아이들을 보며 교사인 저도 더욱 성숙해 갑니다.

　부족하지만 제가 6학년 아이들과 함께 산 한 해의 기록과 성찰을 소개합니다. 이 이야기가 아이들의 바른 성숙을 위해 고민하고 계실 선생님과 보호자께 작은 혜안과 위로를 드릴 수 있기를 소망합니다.

2024년 겨울
이승미

차례

봄 _마음 모으기

여름과 가을 _함께 자라기

겨울 _뿌리 내리기

봄
·
마음
모으기

농부는 수확한 열매 중 가장 좋은 것을 골라 이듬해 봄에 심을 씨앗으로 삼습니다. 교사들도 그동안 해 왔던 교육 활동 중 의미가 깊고 새롭게 적용해 볼 가치가 있는 내용을 겨우내 고민하며 설렘과 기대를 안고 봄을 맞이합니다.

그런데 걱정이 앞설 때가 있습니다. 학급의 아이들과 아무 탈 없이 잘 지낼 수 있을지, 혹여나 어려운 일을 만나 힘든 한 해가 되진 않을지 긴장이 됩니다. 18년의 짧지 않은 교직 생활을 한 저 또한 그렇습니다. 서로를 잘 모르고, 예상할 수 없기 때문입니다. 그래서 만남을 시작하는 3월은 나에 대해 알리고 서로에게 적응하며 익숙해지는 것을 가장 큰 목표로 합니다.

3월 첫날에는 학교에 오기 전 나의 마음을 색으로 표현해 보는 시간을 마련해 긴장을 풉니다. 내가 좋아하는 음식이나 과목, 지난 방학 때 재미있게 읽은 책 등에 대한 이야기로 서로의 취향을 파악하며 자연스럽게 친구를 탐색하고 선생님을 알아 가게 합니다. 교사에게는 자신의 의견을 뚜렷하게 말하는 아이, 부끄러움이 많은 아이, 호기심이 많은 아이 등 반 학생들을 파악할 수 있는 좋은 기회입니다.

이야기를 나눌 때는 의자를 둥글게 배치해 앉고 1명씩 돌아가며 모두 말할 수 있도록 합니다. 어느 쪽으로도 기울지 않는 관계 속에서 존중과 평등을 배우게 하기 위함입니다. 이야기하기 힘들어하는 아이가 있다면 교사와 함께 말합니다. 이러한 경험이 쌓이면 오늘은 못 했더라도 다음에는 조금씩 더 큰 목소리와 편안한 표정으로 이야기하게 됩니다.

교사가 주도적으로 정하고 지키는 규칙은 만들지 않습니다. 교실에서 벌어지는 상황은 각각의 특수성이 있습니다. 비슷해 보여도 미묘하게 다른 데다 모든 순간을 교사가 지켜보고 판단해 줄 수도 없습니다. 규칙에서 벗어나는 상황이 많이 벌어지므로 함께 생활하는 데 필요한 '자유'와 '신뢰'의 가치를 강조합니다.

"교실에서의 규칙을 선생님이 일방적으로 정하는 건 공평

하지 않다고 생각해요. 어리다 해서 지혜롭지 않은 것은 아니니까요. 선생님은 그 누구보다 여러분이 교실에서 편안하고 자유롭게 생활했으면 좋겠어요. 하지만 함께 생활하는 곳인 만큼 주변 사람을 배려해야 나 또한 배려받고 관계 속에서 안정감을 느낄 수 있습니다. 선생님은 여러분이 초등학교의 최고 학년인 만큼 규칙 없이도 충분히 서로와 좋은 관계를 맺으며 생활할 수 있다고 믿습니다. 만약 판단하기 어려운 상황이 벌어진다면 같이 이야기 나누며 지혜를 모아 봅시다."

보통 학기 첫 주의 큰 이벤트인 학급 임원 선거에 앞서 대표의 자격에 대한 이야기를 나눌 때도 마찬가지입니다. 우리의 대표는 친구를 차별하지 않고 선행善行을 하는 사람이어야 함을 알려 주고, 학급의 가치를 한 번 더 되새기게 합니다.

간혹 뽑힌 대표가 학급의 가치에 반하는 언행을 해 아이들이 그 친구를 비난할 때가 있습니다.

"반장이 그러면 되냐?"

"선생님, 책《잘못 뽑은 반장》이 아니라 잘못 뽑은 부반장이에요."

임원에게만 높은 기준으로 비판을 하는 아이들을 보며 말합니다.

"여러분이 우리 반의 가치를 잘 실천할 대표로 이 친구를 뽑았다면 그 책임이 반장에게만 있을까요? 반장이 잘못하고 있다는 생각이 든다면 여러분이 반장에게 조언을 해 주거나 믿고 기다려 봐야 하지 않을까요?"

그리고 임원에게는 책임의 무게를 이야기합니다.

"친구들이 너를 뽑아 준 건 누구보다 네가 가장 우리를 잘 이끌어 줄 수 있을 거라고 믿었기 때문이야. 작은 말 하나, 행동 하나도 책임감을 갖고 했으면 좋겠다."

서로에 대한 의심을 거두고, 빠른 결과를 기대하기보다 기다리며 올바른 가치를 향해 나아가는 것을 연습하면서 매일의 작은 성숙을 지향하게 합니다.

한편 스스로 판단하고 주도적으로 활동하기를 좋아하는 6학년 아이들의 성향을 존중해 교실 안에서의 역할을 함께 정하고 생활하면 즐거운 추억이 됩니다. 6학년 아이들은 초등학교의 마지막 한 해를 매우 특별하게 생각합니다. 그리고 잊지 못할 추억을 쌓고 싶어 하지요.

이를 위해 교육과정 중 창의적 체험을 생태 활동으로 계획했습니다. 가볍게 산책하며 자연을 느끼고, 소소한 이야기를 나누는 가운데 서로의 마음을 돌봤습니다. 전문 강사를 섭외해 동식물을 배우며 내가 사는 동네의 식생을 파악하고 자연과 일체감을 느끼는 생태 시민 교육도 했습니다. 부족한 예산은 마침 교육지원청에서 운영 중인 동아리 지원 사업으로 충당할 수 있었습니다. 산책 활동은 월요일 1교시로 계획해 한 주를 편안하게 시작할 수 있도록 했습니다. 지속적인 생태 활동으로 아이들은 계절의 변화를 몸으로 느끼며 매일 조금씩 달라지는 자연을 자세히, 천천히 볼 수 있었습니다. 저 역시 자연 그리고 아이들과 교감하며 한결 너그러운 마음을 갖게 되었습니다.

학년 초 교실에서 쓸 수 있는 학급 운영비를 아이들에게 공유하고 예산을 어떻게 활용할지 의논하며 교육과정과 연계하는 활동을 꾸리기도 했습니다. 저희 반의 경우, 아이들이 사회과 경제 활동(창업의 날), 학급 내 매점 운영, 뜨개질 활동을 제안해 직업 활동과 실과 활동으로 진행했습니다.

이런 교육 활동은 '학교종이' 앱을 통해 보호자들에게 공유했습니다. 소소하지만 의미 있는 내용을 담은 교실 이야기를 편지글 형식으로 썼습니다. 교육 활동의 목적을 설명하고, 재치 있고 인상 깊은 아이들과의 대화를 전하며 어떤 배움이 이뤄졌는지 나눴습니다.

아울러 3월 둘째 주 이후에는 보호자에게 '우리 아이 이야기'

라는 설문지를 발송해 학급 운영에 참고해야 할 점과 자녀 교육과 관련된 보호자들의 생각을 파악하고자 했습니다. '우리 아이 이야기'를 3월 첫째 주에 보내지 않는 이유는 교실 이야기를 먼저 소개해 교사의 교육관과 아이들의 생활을 알리는 데 집중하기 위해서입니다. 보호자는 교실 이야기를 읽으며 선생님이 어떤 사람인지 알 수 있고 자녀의 학교생활에 대한 불안도 작게나마 해소할 수 있을 것입니다. 그리고 그 이후에야 교사에게 요청받은 '우리 아이 이야기'에 응답하며 가정과 아이, 양육에 관한 고민을 온전히 나눌 수 있을 거라 생각했습니다.

교사, 아이, 보호자 모두 새로운 학년에 적응하기 어려운 봄입니다. 그래서 서로 알아 가는 활동을 통해 신뢰하는 연습이 필요합니다. 무작정 빠르게 달리기보다 적절한 방향으로 천천히 한 걸음씩 내딛는 것이 중요하다고 생각합니다.

3월 2일

○

처음은 누구나
힘들어요

안녕하세요? 처음 뵙겠습니다. 올해 보호자님 자녀의 담임을 맡게 되었습니다. 오늘 각자의 기대와 걱정, 설렘과 불안을 안고 새 교실에서 첫 만남을 가졌습니다.

어색하게 칠판을 바라보고 앉아 있는 아이들에게, 책상을 교실 벽으로 밀어 두고 의자만 챙겨서 모여 앉자고 제안했습니다.

모닥불 놀이를 하듯 동그랗게 모여 한 사람씩 나의 이름을 소개하고 아침에 학교에 오며 느꼈던 기분을 신호등 색으로 표현해 봤어요.

"전 빨간색이요. 방학 때 매일 10시에 일어나다가 오늘 일찍 일어나기 힘들었어요. 지금도 졸려요."

"전 초록색입니다. 방학 때 친구를 만나기 힘들어 너무 지루했는데 학교에 와서 좋습니다."

"학교에 와서 친구들을 만나는 것은 좋지만 공부하려니 싫어요. 그래서 노란색이요."

"공부가 어려울 것 같아 걱정돼요. 빨간색이요."

"체육 시간이 기대돼요. 초록색이요."

모두가 오늘의 마음을 이야기하고 제 순서가 되었습니다.

"선생님은 무슨 색이에요?"

"선생님도 새로운 친구들과 잘 지낼 수 있을까, 내가 선생님으로서 잘할 수 있을까 불안했어요. 그래서 빨간색이에요."

각자 했을 생각을 나누며 서로의 마음을 살폈습니다. 긴장했던 아이들은 '나만 그런 게 아니구나' 하고 안심하며 무거운 마음을 조금은 내려놓을 수 있었습니다. 물론 저도 마찬가지입니다.

서먹함이 풀린 아이들이 여러 가지 주제로 계속 이야기하자 제안하네요. 좋아하는 것, 방학 때 재미있었던 일, 하루 중 게임을 하는 시간 등에 대해 돌아가며 이야기 나눴습니다. 선생님이 궁금하다며 제게 개인적인 질문을 하기도 했습니다. 현장체험학습, 수학여행처럼 아이들이 가장 궁금해하는 학교 행사 일정과 관련된 질문에 답하는 시간도 가졌습니다.

가정에서도 등교하는 자녀를 보며 기대와 걱정이 교차하셨겠지요? 새로운 친구를 사귀고 더 많은 걸 배워 성장할 거라는 기대가 되는 한편 친구와 잘 어울리지 못하거나 공부를 어려워할까 걱정도 되셨을 것입니다.

오늘처럼 낯선 곳, 낯선 사람과의 시작은 늘 쉽지 않습니다. 하지만 처음부터 쉬운 게 어디 있을까요? 이제부터 함께 시간을 보내며 어색함은 친숙함으로, 배움은 익숙한 삶의 지혜로 우리 몸과 마음에 새겨질 것이라 확신합니다.

6학년의 첫날을 궁금해하셨을 보호자께 짧게나마 소식 전합니다. 앞으로도 이렇게 교실 이야기를 보내드리려 합니다. 오늘 저녁은 자녀와 학교의 첫날에 대한 이야기를 나눠 주세요. 보호자님께서 겪었던 시작의 어려움을 털어놓아 주셔도 좋겠습니다.

어제보다는 오늘, 오늘보다는 내일 서로를 더 알아 가고 친해지며 지혜로워질 우리를 기대해 봅니다. 아이들 한 명 한 명 손잡고 같이 가겠습니다. 너무 큰 염려 마시고 따뜻한 시선으로 지켜봐 주세요.

저와 아이들, 보호자님 모두 기억에 남는 한 해가 되기를 소망합니다. 감사합니다.

추신

1. 오늘 아이들 편에 동의서 및 신청서를 보내드렸습니다. ①개인정보 동의서, ②응급처치 동의서, ③수학여행 신청 조사서입니다. 작성하시어 내일까지 학교로 다시 보내 주시기 바랍니다.

2. 학교에서 교원 안심번호를 추진하기 전이라 개인 전화 연결이 어렵습니다. 8:30~9:00 또는 14:30~16:00에 학교로 전화 주시거나 언제든 '학교종이' 앱의 대화 기능을 활용해 소통하실 수 있습니다. 미리 약속하시고 교실에 방문하시는 것도 환영합니다.

3월 3일

○

나와 우리를 위한
삶의 가치

저는 올해 아이들과 자유롭고 편안하게 지내는 가운데 의미 있는 가치를 삶 속에 채워 나가려 합니다.

자유롭고 편안하게 지내는 이유는 스스로 사유하는 힘을 키우기 위함입니다. 그래서 교실의 규칙을 뚜렷하게 정하지 않고 말과 행동을 하기 전에 스스로 상황에 맞게 표현해 보기를 연습합니다. 나의 말과 행동이 '누가 시켜서' 혹은 '혼나지 않기 위해서'라면 생각이 자랄 기회는 없습니다. 물론 언행이 거칠 때도 있고, 실수할 때도 있겠지요. 그럴 때면 아이들과 더불어 상황을 되짚어 보며 어떻게 하는 것이 가장 현명했을지 살펴보겠습니다. 이런 연습 속에서 아이들은 판단력을 기르고 실수하는 사람을 기다려 줄 수 있는 아량을 갖춰 나갈 것입니다.

또한 우리가 서로 주고받는 말과 행동이 무엇보다도 공동체에 가치 있기를 희망합니다. 나 혼자만 즐겁고 다른 사람에게 상처를 주는 말과 행동은 공동체에 좋지 않은 영향을 끼칠 뿐입니다. 우리만 편리하면서 다른 공동체에 고통을 주는 말과 행동은 결국 우리에게 더 큰 고통으로 돌아옵니다.

학급 운영 방향을 아이들과 이야기한 후 '나와 우리를 위한 삶의 가치'를 같이 정해 봤습니다. 포스트잇에 아래와 같이 빈 칸을 채워 쓴 후 1명씩 돌아가며 말하고 모두의 생각을 아우르는 내용을 가치로 삼았습니다.

아이들과 함께 정한 가치는 이렇습니다.

- 나는 소중하다.
- 나는 틀림이 아닌 다름이다.
- 나는 나만의 길을 간다.

- 우리는 친구를 아낀다.
- 우리는 선생님을 따른다.
- 우리는 배움을 실천한다.
- 우리는 세상을 희망으로 가꾼다.

◦ 우리는 실패를 두려워하지 않는다.

위 가치들 가운데 제 마음을 무겁게 한 것이 하나 있습니다.

많은 아이가 '우리는 선생님을 어떻게 생각하는가?'라는 질문에 이렇게 답합니다.

"우리는 선생님을 존경한다."

"우리는 선생님을 따른다."

아이들의 말을 듣고 있으면 부끄러워집니다.

"여러분, 선생님은 여러분에게 존경받을 만한 사람이라고 생각하지 않아요. 그리고 여러분이 따를 정도로 지혜롭지 못합니다. 그래서 여러분은 선생님이 하는 말을 의심해야 합니다. 항상 스스로나 친구들, 그리고 선생님과도 의견을 나누고 생각을 키워 나가야 해요. 다만, 선생님은 여러분에게 좋은 사람이 되도록 노력하겠습니다. 교실의 유일한 어른으로서 책임감을 가지고 여러분에게 최선을 다하고 나날이 발전하는 사람이 되겠습니다. 그렇게 한다면 여러분에게 좋은 사람으로 기억될 수 있겠지요."

아이들의 빛나는 생각에 놀랐던 시간이었습니다. 가정에서 토대를 갖춰 주시고 잘 길러 주신 보호자들께 감사합니다. 저는 교실에서 아이들이 신체적으로 성장하는 데 그치지 않고, 내면도 성숙한 사람으로 자랄 수 있도록 돕겠습니다.

학년 초라 서로 약속하는 것이 많습니다. 마음을 열고 함께 해 주는 아이들에게도, 바쁘신 가운데 알림장으로 부탁드리는 여러 사항을 준비해 주시는 보호자들께도 고맙습니다. 오늘 저녁 시간에는 가정에서 '사유하는 힘'과 '삶에서 추구하는 가치'에 대해 이야기 나눠 보는 것은 어떨까요? 3월의 첫 주말, 편안하고 행복한 시간 보내시길 바랍니다.

추신

수학여행 기간이 장마 때라 우려된다는 문의가 있었는데요. 지난해 교육지원청 기관에 신청해 승인된 것이라 그 기간이 아닌 때에 수학여행은 불가합니다.

일정을 변경하면 다른 기간에 다른 장소로 가야 합니다. 지난 2월 수학여행 장소와 기간을 주제로 찬반 조사가 이뤄졌으며 보호자님 다수가 찬성하셨기에 그대로 추진됩니다. 우려하시는 점들에 잘 대비하도록 하겠습니다. 날씨는 우리가 어떻게 할 수 있는 것이 아니니 쨍한 날씨이기를 바라는 길밖에 없겠습니다.

3월 6일

○

우리 반 대표는
'친구를 아끼는 사람'이
되었으면 좋겠어요

안녕하세요? 새로운 한 주를 시작하는 월요일입니다. 등교하는 마음이 무겁지는 않았는지 걱정이었는데 가벼운 마음으로 왔다는 친구들이 많아 다행이었습니다.

오늘은 금요일에 있을 학급 임원 선거에 앞서 우리 반 대표의 자격에 대해 이야기했습니다. 지난번처럼 각자의 생각을 포스트잇에 간단히 작성한 후, '써클'을 만들고 돌아가며 의견을 말했어요.

"친구가 어려울 때 제일 먼저 손 내밀고 도와주는 친구가 대표가 되었으면 합니다."

"친구의 감정을 함께 느끼며 위로해 주고 축하해 주는 친구입니다."

"리더십과 책임감이 있는 친구가 되었으면 좋겠어요."

"우리 반을 잘 이끌고 한 사람, 한 사람의 말을 귀담아듣는 친구여야 합니다."

"항상 친구에게 밝은 사람입니다."

다양한 생각이 오가는 가운데 '친구를 아끼는 사람'이라는 수아의 말이 인상 깊었습니다. '아끼다'라는 낱말의 의미는 무엇일까요?

사전에서는 "물건이나 사람을 소중하게 여겨 보살피거나 위하는 마음을 가지다"라고 정의하는데요. 이 의미대로 친구를 아끼기 위해서는 먼저 소중하게 여겨야 합니다. 필요할 때만 찾지 않고 늘 곁에 두며 귀중하게 생각한다는 뜻입니다. 이때, 나에게 귀중한 존재를 하찮게 대할 수는 없겠지요. 그래서 나는 나의 소중한 친구를 보살피거나 위하는 마음을 가지게 됩니다. 보살핌은 그 대상을 자세히 살피고 정성을 기울여 보호하는 것이고, 위함은 그에게 도움이 되려고 하는 것입니다. 결국 아이들이 이야기한 내용은 '친구를 아끼는 사람'으로 모아지겠습니다.

우리 반 친구를 아끼는 사람이 대표가 된다면 한 명 한 명을 소중히 여겨 각각의 이야기를 들어 주고, 도움이 필요한 사람에게 손을 내밀어 주겠지요. 또 위로와 축하를 먼저 건네는 마음도 보여 줄 것입니다. 누군가를 아끼는 일이 이렇게나 어려우니 학급 대표의 어깨가 너무 무거워지진 않을지 걱정되네요.

아이들에게만 가혹하게 '좋은 사람이 되어야 한다'고 강요하는 듯해 번외로 선생님의 자격도 물어봤습니다.

"차별하지 않고 평등하게 대합니다."

"공부를 잘 가르쳐 줍니다."

"공부와 쉼을 함께 추구해야 합니다."

"이해심이 많아야 합니다."

"누구보다 모범을 보여야 합니다."

다양한 의견이 나오고 예성이 순서가 되었습니다.

"늦지 않습니다."

사실 제가 오늘 차가 밀려 지각을 했는데 예성이가 조금도 봐주지 않네요.

아이들의 대답을 모으니 선생님의 자격 또한 '학생을 아끼는 사람'이라고 정의 내릴 수 있겠습니다. 그런데 이 중 한 가지는 이미 충족하지 못했고, 나머지도 쉽지 않습니다. 선생님이 이렇게 부족하니 우리 반 아이들이 선생님을 아껴 도와주기를 바라야겠습니다. 저도 아이들 눈높이에 맞는 선생님이 되도록 노력하겠습니다.

보호자께서도 우리 아이를 아끼며 길러 오셨지요. 갓 태어나 말 못 하는 아기를 돌보고, 지금 아이가 무엇을 원하는지 살피며 공감해 주기 위해 노력하셨을 것입니다. 아이가 바르게 성장할 수 있게 매 순간 고민하고 좋은 말과 행동으로 모범을 보이셨을 것입니다.

한 해 동안 이렇게 서로 아끼며 지냈으면 좋겠습니다. 교사, 아이, 보호자가 서로를 소중히 여기며 보살피고 위하기를 소망합니다.

우리 아이 이야기
설문지 양식

이 설문은 교육에 대한 보호자님들의 기대와 바람, 그리고 아이들의 다양한 생활 환경과 학습 습관 등을 자세히 알아보고 아동의 학교생활과 성장 발달을 좀 더 알차게 효과적으로 지도하기 위한 자료로 쓰입니다. 바쁘시더라도 최대한 솔직하고 꼼꼼하게 써 주시면 담임으로서 아이들을 지도하는 데 큰 도움이 될 것입니다.

아이 이름	한글)			한자)		
생년월일						
보호자1 이름	(	) / 관계:	보호자2 이름	(	) / 관계:	
도로명 주소						
연락처	보호자1	관계: (	) /			
	보호자2	관계: (	) /			
	아이					
	형제	관계: (	) /			

☞ 생활 지도

1. 평소 가정에서 아이에게 특히 강조하고 있는 가치나 생활 습관은 어떤 것입니까?(가훈 등)

....

2. 아이가 어떤 사람으로 성장하기를 바라십니까?

....

3. 보호자께서 보시는 아이의 성격은 어떠합니까?

....

4. 아이의 기질 또는 성격 가운데 특별히 강조하고 싶은 장점과 고쳐야 할 점은 무엇이라고 생각하십니까?

....

....

5. 아이가 잘못을 했을 경우, 이를 개선하기 위한 보호자님의 효과적인 교육 방법이 있다면 무엇입니까?

....

....

6. 용돈은 얼마쯤 주시며 아이는 용돈을 주로 무엇에 씁니까?

☞ 학습 및 생활 환경

1. 지금 같이 사는 가족 구성원에 대해 적어 주세요. 아이도 나이순에 맞게
   함께 적어 주시고, 본교 재학 형제가 있는 경우 비고란에 학년, 반을 써 주
   세요.

관계	이름	생년월일	비고

2. 아이의 학교생활에 주로 도움을 주는 사람은 누구입니까?

---

3. 사교육을 받고 있다면 무엇입니까?

학원, 학습지 등	요일	시간

4. 아이가 집에서 혼자 공부나 학교 숙제를 할 수 있는 시간은 어느 정도입니까?(학원 숙제나 학습지 제외)

- -

- -

5. 하루 중 아이가 책을 읽는 시간은 어느 정도입니까? 또 어떤 분야의 책을 좋아하나요?

- -

- -

6. 보호자께서는 일주일 또는 한 달에 몇 권의 책을 읽으시나요? 어떤 분야의 책을 선호하시나요?

- -

- -

7. 아이가 갖고 있는 학습 습관 중 좋은 점과 꼭 고쳤으면 하는 점이 있다면 무엇입니까?

....

....

8. 아이의 건강 가운데 염려스러운 점이 있다면 어떤 것입니까?(알레르기, 학교 급식에서 주의할 점 등을 써 주세요.)

....

....

9. 보호자 모두 직장인이십니까? (네, 아니오)

모두 직장인이실 경우 대략적인 퇴근 시간을 적어 주세요.

보호자1(관계:):   보호자2(관계:):

10. 올해 학교생활을 하는 데 있어서 담임 선생님께 부탁하고 싶은 점이 있으시면 써 주세요.

....

....

....

바쁘실 텐데 성실히 답해 주셔서 감사합니다 ☺

3월 9일

○

보호자의 고민:
어떻게 자기 주도적 학습을
할 수 있을까요?

안녕하세요? 보호자들께서 정성 들여 적어 주신 '우리 아이 이야기' 잘 읽고 있습니다. 제가 아직 이름과 얼굴을 맞추기 어려워해서 보내 주신 것을 틈날 때마다 읽고 또 읽고 있어요. 아이에 대한 사랑이 묻어나는 보호자님의 글처럼 저도 교실에서 아이들 마음에 상처 나지 않도록 잘 보듬겠습니다.

여러 중요한 이야기가 있었지만, 자녀 교육에 있어 고민되는 점 중 하나로 자기 주도적 학습의 어려움을 써 주신 분들이 많았습니다.

아이에게 바라는 자기 주도적 학습이라면 어떤 것이 있을까요? 보호자들께서는 아이들이 책상에 차분히 앉아 수학이나 영어 공부, 독서를 했으면 하시겠지요. 공부는 학문이나 기술을 배우고 익힘을 뜻하는데요. 제가 소개하는 한 사례로 보호자들께서 생각하시는 공부의 의미를 확장시킬 수 있으면 좋겠습니다.

'페킹 오더pecking order'라고 들어 보셨나요? 모든 동물에게 위계질서가 있음을 뜻하는 말인데요. 생물학자 토를레이프 셸데루프에베는 여섯 살 때부터 노르웨이의 긴 여름마다 닭을 관찰하며 수백 시간을 보냈다고 합니다. 그리고 닭들이 먹는 모이의 종류와 양 등을 시간순으로 정리해 그들의 관계를 그림으로 표현했습니다. 4년 뒤 그는 닭들 사이의 서열이 어떻게 변화하는지 관찰해 페킹 오더(쪼는 순서)를 찾아내기에 이릅니다. 어른이 되어 그 결과를 "닭의 사회적·개별적 심리학에 대한 기여"라는 논문에 담아 공식 발표하지요. 이후 페킹 오더는 인간을 포함한 모든 동물의 조직 문화를 설명하는 용어가 되었습니다.

이러한 과학적 업적은 어린 시절 닭을 키우고 싶다는 그의 부탁을 존중하고 충분히 관찰할 여유를 줬던 보호자가 있었기에 가능했습니다. 이 사례를 통해 좁은 공부의 의미를 넘어 우리 삶과 관련 있는 모든 것이 공부의 영역이 될 수 있음을 깨닫습니다.

보호자께서 경험했던 대량 생산의 시대, 대중문화가 주류였던 시대가 막을 내리고 있습니다. 《시대예보: 핵개인의 시대》에서도 모두와 같은 삶이 아닌 의사 결정권을 가지고 나만의 이야기가 담긴 삶을 만드는 것이 중요한 시대로 변화했다고 말합니다. 셀데루프에베가 자신만의 방식으로 공부하며 후대에 남을 성취를 이뤄 낸 것처럼 말입니다.

나의 관심사를 파악하려면 여러 경험과 시간이 필요합니다. 보호자님 눈에는 한심해 보일 수 있을지라도 아이들의 뇌는 쉼 없이 움직이고 있습니다. 나의 관심사를 찾게 되면 스스로 지속할 수 있는 동기(흥미), 즉 자발성이 생깁니다. 다른 사람에게가 아닌 나에게 재미있고 좋은 것이기 때문입니다. 재미있고 좋아하는 것을 하면 잘하고 싶어 노력하게 되고 어느 순간 능숙해지는 자신을 발견하게 됩니다.

우리가 보호자로서 해야 할 일은 아이들이 자기 주도적으로 무언가를 할 수 있도록 세심한 관심을 기울이며 지지해 주는 것입니다.

'우리 아이는 무엇을 할 때 가장 즐거워하지?'

'어떤 일에 흥미가 있지?'

그리고 좋아하는 일을 찾았을 때 그것을 발전시킬 수 있도록 조언과 지원을 아끼지 않는 것입니다. 그러면 어느새 자신의 삶을 능동적으로 결정하고 당당히 꾸려 가는 멋진 어른이 된 자녀를 만날 수 있겠지요.

오늘 저녁에는 아이에게 "너 숙제 다 했어?"라고 하기보다 어떤 것을 좋아하는지 혹은 올해 해 보고 싶은 것이 있는지 물어보고 이야기 나누면 어떨까요? 보호자님의 소중한 물음에 아이들이 자신을 탐색하는 귀중한 시간을 가질 수 있을 것입니다. 요즘 보호자께서 관심 있는 것에 대해 이야기해 주셔도 아이들에게 좋은 선물이 되겠지요.

결국 우리 어른들이 아이들에게 기대하는 것은 자기 주도적 학습을 넘어 자기 주도적인 삶을 살아가는 모습이겠습니다. 모두의 삶을 응원합니다.

3월 10일

○

학급 임원 선거

이번 주는 월요일부터 금요일까지 온전히 함께 지낸 첫 주였네요. 오늘은 모두가 기다리던 학급 임원 선거가 있었습니다. 먼저 지난주 우리 반 대표는 어떤 친구가 되었으면 좋겠는지 이야기했던 것을 다시 떠올려 봤습니다. 그리고 대표로 추천받거나 지원한 친구들이 후보가 되어 자신의 공약을 발표하기 전 잠시 이야기를 나눴습니다.

"이제 학급 임원 후보들이 공약을 이야기할 것입니다. 여러분은 공약이 무엇이라고 생각하나요?"

"'공'은 '공공시설' 할 때 공 같은데."

"아! 여러 사람을 위한 약속이요."

"맞아요. 공약의 '공公'은 공적인 의미를 갖습니다. 그래서 공약은 우리 반 전체를 위한 약속입니다. 하지만 '공空'이 비어 있다는 뜻이면 헛되게 약속한다는 의미가 됩니다. 우리는 후보들이 공약을 발표할 때 어떻게 판단하며 들어야 할까요?"

"실제 할 수 있는 일인가가 중요해요."

"거짓말을 하고 있지는 않은지 판단해요."

"잘 떠드는 친구인데 공부를 잘할 수 있도록 돕겠다고 한다면 믿을 수가 없어요."

"맞습니다. 우리가 한 교실에서 함께 생활한 시간은 얼마 되지 않았지요. 하지만 후보로 나온 친구가 평소 생활과 반대로 이야기하지는 않는지, 실제로 지킬 수 있는 공약인지 판단하며 투표해야 합니다. 또 단순히 친하다는 이유로 대표로 뽑지 않았으면 해요. 자, 이제 후보들의 공약을 들어 보겠습니다."

"안녕하세요? 이번 반장 선거에 나온 김규은입니다. 저는 선생님을 도우며 도움이 필요한 친구들에게 먼저 손을 내밀겠습니다. 제 도움이 필요할 땐 '헬로, 빅스비'라고 불러 주세요. 어디든 먼저 달려가겠습니다. 저를 반장으로 뽑아 주세요. 감사합니다."

"안녕하세요? 저 이규보가 반장이 된다면 첫째, 우리 반을 웃음 가득한 반으로 만들겠습니다. 둘째, 배려심 많은 반장, 먼저 다가가는 반장이 되겠습니다. 셋째, 제가 모범이 되어 청소하겠습니다. 넷째, 리코더가 어려운 친구가 있다면 쉽고 재미있게 가르쳐 주겠습니다. 즐거운 반이 될 수 있도록 노력하겠습니다. 저를 기억하고 꼭 뽑아 주세요."

여러 사람 앞이라 많이 긴장되었을 텐데 자신의 공약을 용기 있게 발표하는 모습이 멋졌습니다.

발표를 마치고 투표하는 시간이 되었습니다. 모두 조용히 자신이 선택한 후보의 이름을 적는 가운데 누군가 질문합니다.

"선생님, 후보가 자기 이름 적으면 안 되나요?"

아무래도 본인의 이름을 스스로 적는 건 머쓱한 모양입니다. 그 말을 들은 친구들이 이어 말합니다.

"야! 그건 양심에 찔리는 일이야."

"너 지금 종이에 네 이름 쓰려고 그러는 거지?"

하지만 제 대답은 항상 이렇습니다.

"스스로 우리 반 대표로서 가장 자격이 있다고 생각해 후보로 나왔는데 다른 친구의 이름을 적을 거라면 그 친구가 가장 자격이 있다고 여기는 것 아닐까요? 그렇다면 후보로 나올 필요가 없습니다. 후보인 내 이름을 스스로 적는 건 당연한 일이고, 비밀 선거이기 때문에 우리는 그것을 알 수도 없어요."

이렇게 이야기가 끝나면 모두 '아…' 하고 조용해집니다.

기표를 마치고 모두가 떨리는 마음으로 개표 결과를 기다렸습니다. 1학기 학급 대표는 김규은, 부대표는 김장우가 되었습니다. 당선된 친구에게 축하의 마음을 보냅니다. 부디 두 친구가 '친구를 아끼는 사람'이 되어 주길 기대합니다.

아깝게 낙선한 친구에게도 고마움을 전했습니다.

"대표가 되지 못했어도 우리 반을 위해 애써 주겠다고 후보로 나온 친구들이 여기 서 있습니다. 우리는 이 친구들에게 고마워해야 합니다. 혹시 쟤는 표도 얼마 받지 못했다고 놀릴 사람은 없겠지요? 선생님은 그런 행동을 하는 사람이 비겁하다고 생각합니다. 본인은 봉사할 용기를 내지 못해 후보에 출마하지 않았으면서 후보로 나온 친구를 놀린다면 옳지 못한 행동이에요.

낙선한 친구들은 속상해하기보다 1학기를 잘 보내서 친구들에게 신뢰를 얻고 2학기에 재도전하기를 바랍니다. 이 친구들이 이번 학기에 자신의 공약대로 생활하는지 세심히 살펴 주세요. 그리고 다음 학기에 후보로 다시 나올 때 그동안 생활한 것을 생각하며 투표해 주세요."

반 친구들 모두 당선된 친구와 낙선한 친구에게 박수를 쳐

주며 용기를 칭찬하고 축하와 고마운 마음을 전했습니다.

　아이들의 선거는 이처럼 진지하고 올바른데 정작 어른들 세계에서는 정치인끼리 서로를 공격하며 깎아내리기 바쁘고 지키지 못할 공약들을 선심 쓰듯 남발하며 당선 후에는 이행을 잘 하지 않습니다. 그래서 사회에 정치 혐오가 만연해 있습니다. 어른들이 우리 아이들의 선거를 보고 배워야 할 때입니다. 부디 어른들이 아이들에게 부끄럽지 않도록 모범을 보이면 좋겠습니다.

3월 11일
○
보호자님과의
첫 만남을
준비하며

안녕하세요? 3월 2일을 시작으로 교실의 여러 이야기를 전해 드리고 있습니다. 아이들이 학교에서 추구하는 가치를 가정에서도 공유하며 함께 나아가 주셨으면 하는 마음입니다.

3월 20일부터 24일까지는 '우리 아이 이야기'를 바탕으로 한 보호자 상담 주간입니다. 알림장에 올린 글은 저의 학급 운영 방향이기도 합니다. 상담에 오시기 전 읽어 두시면 학급 운영에 대한 깊이 있는 질문과 조언으로 의미 있는 시간을 만들 수 있을 것입니다. 또, 우리 아이에 대해 더 집중적으로 이야기할 수 있으리라 기대합니다.

아이들과 함께 지낸 지 얼마 되지 않았지만 눈빛 속에서 선생님을 신뢰하는 마음을 읽습니다. 가정에서 사랑으로 대해 주시고, 아이를 믿어 주셨기에 가능한 일입니다.

신청은 3월 13일, 월요일 오후 6시에 오픈됩니다. 대면·전화·서면 등 다양한 방법으로 진행할 수 있으며, 상담 주간 중 어렵다면 다른 날에도 가능합니다. 보호자님과 만날 날을 손꼽아 기다리겠습니다. 부담 갖지 마시고 많은 신청 바랍니다. 즐겁고 편안한 주말 보내세요.

추신

세 가지를 안내합니다.

1. 졸업 앨범 사양 선택 설문 조사(화요일 오후 2시 응답 종료)

2. 체육 시간 준비: 편안한 복장(바지), 앞뒤가 막힌 실내화 또는 실내 운동화

3. 주말 과제:《긴긴밤》제2장 '뿔 없는 코뿔소'를 읽고, 선생님이 내어 준 5개 질문에 대한 답을 '생각이 자라는 공책'에 쓰기

3월 14일

○

보호자의 고민:
아이가 책을 가까이하면
좋겠습니다

'우리 아이 이야기'에 써 주신 고민 중 두 번째로 나눌 것은 '독서'입니다.

우리는 책과 관련된 많은 잔소리를 하거나 들어 왔지요.

"책을 많이 읽어야 한다."

"책 좀 읽어라."

또 책 때문에 스스로 마음이 무겁기도 합니다.

'책 좀 읽어야 하는데….'

책이란, 그만큼 우리의 삶에 있어서 멀어질 수 없는 존재입니다.

우리가 책을 읽는 목적이 도대체 무엇이기에 이토록 중요한 걸까요? 서양의 유명한 철학자 르네 데카르트는 이런 말을 남겼습니다.

"좋은 책을 읽는 것은 과거의 가장 뛰어난 사람들과 대화를 나누는 것과 같다."

어느 분야에 뛰어난 사람들과 직접 만나기란 쉽지 않습니다. 만난다고 해도 일회성에 그칠 수 있지요. 그러나 책에서라면 쉽게, 언제든, 계속 만날 수 있습니다. 우리는 책을 통해 저자가 전하는 여러 지식과 통찰을 얻습니다. 어휘력을 키울 수 있음은 물론이거니와 생각지 못한 분야로 관심이 확장되기도 합니다. 또한 이야기 속 인물이 한 일을 간접적으로 경험하고 생각의 과정을 함께 따라가며 얻은 지혜로 우리의 실제 인생에서 더 나은 선택을 할 수 있습니다.

그렇다면 아이들이 어떻게 책을 가까이하게 할 수 있을까요? 우리 어른들이 아이들 스스로 '책은 삶의 길잡이'라는 생각을 가질 수 있을 때까지 옆에서 도와줘야겠지요. 이는 우리가 모범을 보일 때 가능합니다.

아이들이 유아였을 때를 되돌아보지요. 많은 보호자께서 아이가 "엄마"라고 말하기 전부터 그림책을 읽어 주고 그와 연관된 이야기를 재미있는 말놀이에 덧붙여 전해 줍니다. 책을 놓을 때는 전면이 잘 보이도록 꽂고 심지어 집 바닥에 잔뜩 늘어놓아 책으로 가득한 세상을 만들기도 합니다. 모두 아이가 책을 가까이하게 하려는 노력입니다.

이렇게 친절하고 열정적이던 보호자님들이 자녀가 초등학교에 입학한 순간부터 책에 대한 이른 독립을 강요합니다.

"이제 한글을 읽을 수 있으니 혼자 읽어 봐."

"매일 한 권씩 읽어."

"그만 놀고 책 읽어."

보호자님이 읽어 주던 즐거운 이야기이자 놀이였던 책은 아이들에게 혼자 글자를 읽고 해독해야 하는 과제로 부여됩니다.

얼마 전 '심심한 사과 말씀드립니다'와 관련된 일이 사회적으로 큰 관심을 받았습니다. 한 카페 사장님이 올린 사과문의 '심심한 사과'를 '지루한 사과'의 의미로 잘못 이해한 누리꾼들이 카페를 조롱한 사건이었지요.

많은 보호자께서 이렇게 생각합니다.

'글자를 읽으면 의미도 알겠지.'

하지만 '음성적 읽기'를 넘어 '의미적 읽기'를 하려면 아직 보호자님의 도움이 절실합니다. 아무리 초등 최고 학년인 6학년일지라도 말이지요. 부디 아이에게 이른 독립을 강요하지 마시고 함께 읽어 주세요. 읽은 책에 대한 감상을 가족끼리 나누는 것도 좋습니다. 아이들은 보호자님의 감상을 들으며 여러 분야로 관심을 넓힐 수 있습니다. 또 보호자님의 말하기 방법을 모방하고 배울 것입니다. 이런 과정을 통해 스스로 책을 읽으며 내용을 어떻게 추려 소개할지 고민해 보기도 하고 흥미로운 부분을 잘 기억해 뒀다가 전하기도 하겠지요. 궁금한 점이 있다면 보호자님께 물어보거나 의견을 주고받으려 할 것입니다.

가정에서 책을 매개로 한 언어적 의사소통이 이뤄지면 아이들의 어휘력과 독해력뿐 아니라 학습 능력이 향상될 수 있습니다. 미국의 열두 가정이 살아가는 방식을 자세히 관찰하고 보호자의 양육 방식을 분석한 책《불평등한 어린 시절》에서도 이 점을 주요하게 인식합니다. 특히, 언어 그 자체의 본질적 즐거움을 찾는 가정과 일반적인 명령으로만 채워진 언어를 사용하는 가정의 대비에 주목합니다. 전자의 가정에서는 단어의 여러 의미를 가지고 토론하기, 자신이 원하는 바를 상대로부터 이끌어 내는 협상하기 등을 통해 풍부한 언어 소통 능력을 얻는데, 이는 아이가 어른이 되어 사회생활을 할 때도 긍정적인 영향을 끼칠 것이라 예상합니다.

그럼 독서의 독립은 언제 가능할까요? 글쎄요. 아이마다 차이가 있으니 그것은 정확하지 않네요. 다만 확실한 것은 '지금은 우리가 함께 읽고 이야기 나눠야 한다'는 점입니다.

이제 아이들이 보호자님께 여쭤볼 차례입니다. 요즘 어떤 책을 읽으시나요? 어떤 분야의 책에 관심이 많으신가요? 가정에서 책을 매개로 대화를 나누시나요? 독서의 완전한 독립을 이루셨나요?

아이들과 같이 책을 읽어 주시고 미지의 세계를 탐험할 수 있도록 도와주세요. 책을 통한 배움은 혼자일 때보다 함께일 때 더 발현됩니다.

3월 15일

○

환대의 교실

오늘은 우리 반 교실에 대해 이야기하고자 합니다. 전 교실이
단순히 반듯하게 놓인 책상과 의자에 앉아 인지적인 학습을 주
로 하는 장소라 생각하지 않습니다. 우리가 삶에 대해 배우고
있기에 공간 또한 삶을 담아내야 한다고 생각합니다.

저와 아이들은 깨어 있는 시간 대부분을 학교에서 보냅니
다. 그 누구도 긴장 속에서 생활하고 싶어 하지 않지요. 긴장을
하면 스트레스를 받고 스트레스는 화가 되어 나뿐만 아니라 주
변 사람에게도 좋지 않은 영향을 미친다는 것을 너무 잘 알고
있습니다. 그래서 저는 아이들이 즐겁고 편안한 마음으로 교실
에 들어오길 바랍니다.

학교를 작은 사회라고 합니다. 우리 교실에도 다채로운 빛깔

을 가진 사람들이 함께 생활하고 있습니다. 이렇게 서로 다른 사람들이 모인 공간에서 안락함을 느끼려면 어떻게 해야 할까요? 《사람, 장소, 환대》에서는 다름을 차이로 규정짓고 차별하는 사회를 비판합니다. 그리고 모든 사람은 사회 안에서 그의 자리를 조건 없이 인정받고 환대받아야 한다고 말하지요. 여럿이 함께하는 장소에서는 모두가 자신의 정체성을 가지고 소속감을 느낄 수 있어야 합니다. 한 명 한 명 평등하게 서로를 귀한 존재로 존중하고 대접하는 곳이라면 언제든 있고 싶은 공간이 될 것입니다.

지난주에는 '친구가 나에게 해 준 좋아하는 말, 싫어하는 말'을 주제로 같이 이야기를 나누며 약속을 만들어 봤습니다. 동그랗게 앉아 각자 포스트잇에 적은 말을 이야기하는 가운데 은우 차례가 되었어요.

"저는 차은우라고 하는 게 싫어요."

은우의 말을 들은 누군가 이야기합니다.

"그게 왜 싫어? 난 좋을 것 같은데."

다른 아이들도 차은우는 엄청 잘생긴 연예인인데 왜 싫어하냐며 웅성거리네요. 작은 소란을 가라앉히고 묻습니다.

"기분이 좋고 싫음을 판단하는 사람은 누구일까요?"

"그 말을 듣는 사람이요."

"그렇다면 은우의 감정이 가장 중요한 것이니 여러분이 생각할 때 아무리 좋은 말이라도 은우가 싫다면 앞으로는 차은우라고 부르지 말아야 하지 않을까요?"

"네."

"약속해 줄 수 있죠?"

"네."

어떤 말을 들었을 때 좋고 싫음을 느끼는 주체는 말하는 사람이 아닌 듣는 사람입니다. 그래서 상대방의 표정과 기분을 살피며 대화를 나누는 것이 중요합니다.

아이들은 나를 칭찬하거나 무언가를 함께하자는 말이 좋다고 합니다.

"고마워."

"야! 같이 하자."

"괜찮아. 그럴 수도 있지."

"넌 정말 최고야."

나에게 짜증 내고 비난하는 말은 싫다고 하네요.

"짜증 나."

"너 그것밖에 못 해?"

"그만해."

"끼어들지 말고 가. 좀."

좋아하는 말을 나눌 때는 밝아 보이던 얼굴이 싫어하는 말을 나누자 일그러집니다. 그래서 앞으로 싫어하는 말은 하지 않도록 조심하고, 좋아하는 말을 자주 할 수 있도록 노력하자고 약속했습니다. 저 또한 아이들에게 상처 주는 말을 하지 않고 힘이 되는 말을 하며 서로가 존중받는 교실을 만들어 가겠다고 이야기했습니다. 가정에서도 아이들이 자기 전과 아침에 일어났을 때는 가능한 한 혼내지 말아 주세요. 제가 교실에서 힘듭니다. 긴장된 마음일 때는 옆에서 어떤 좋은 말을 해도 잘 들리지 않잖아요.

이어 포스트잇에 적은 '좋아하는 말'들을 모아 큰 종이에 붙인 후 교실 벽에 게시해 '우리 교실은 공동체의 가치를 이루고자 함께 노력하는 교실이며 안전한 곳'임을 보여 줬습니다. 교실 밖 유리창에는 '선생님을 포함한 모두가 너를 기다렸고 환대하고 있다'는 의미를 담은 문구를 붙였습니다.

안녕?

너도 오늘을 기다렸니?

나는 너를 기다렸어^^

하교 시간이 되어 헤어짐의 인사를 나누고 모두 교실 밖을 향해 나갑니다. 그런데 은우가 제게 다가오네요. 환하게 웃으며 깍듯하게 인사를 합니다.

"선생님, 안녕히 계세요."

'내가 듣기 싫어하는 말'에 대해 이야기 나눌 때 그동안 쌓인 감정들이 시원하게 풀렸나 봅니다. 은우를 보니 제 마음도 시원해지네요. 우리 교실이 서로의 존재를 차이가 아닌 다름으로 바라보며 인정해 주는 공간이었으면 합니다.

3월 21일

○

지구를 살아가는
우리의 자세

"인류가 얇은 얼음 위에 서 있고, 그 얼음은 빠르게 녹고 있다."

안토니우 구테흐스 유엔UN 사무총장이 기후 변화에 관한 정부 간 협의체(IPCC) 제6차 보고서 발표 관련 기자 회견에서 한 말입니다. 우리보다 늦게 태어났지만, 기후 위기에 따른 피해를 가장 많이 겪을 아이들에게 IPCC를 다룬 신문 기사를 공유하고 함께 읽었습니다.

기사를 읽는데 창밖의 황사를 본 아이들의 볼멘소리가 들리네요.

"다 중국 때문이다."

"중국의 공장 매연이 우리나라에 온다."

"중국이 나쁘다."

아이들의 말에 2010년대 중반 세계의 폐플라스틱 쓰레기를 수입하던 중국의 환경 오염과 빈곤을 그린 다큐멘터리 영화를 소개했습니다. 〈플라스틱 차이나〉입니다. 이 영화를 계기로 중국이 폐플라스틱 수입을 금지하자, 갈 곳을 잃은 우리나라의 쓰레기를 다룬 뉴스를 보여 주고 묻습니다.

"여러분이 쓰는 물건은 어디서 만들어지나요?"

"네?"

"여러분이 사는 장난감은 어느 나라에서 만들어지는지요?"

"아마 중국이요?"

"장난감뿐만 아니라 공산품 대부분이 중국에서 생산됩니다. 중국이 '세계의 굴뚝'이라 불리는 이유입니다. 결국 황사와 미세먼지가 심각해지는 데는 나의 책임도 있지 않을까요?"

이어 환경 다큐멘터리 〈먹다 버릴 지구는 없다〉를 시청했습니다. 전 세계 산림 파괴의 70퍼센트가 식량을 생산하기 위해 일어나고 있으며 만들어진 음식 중 3분의 1이 버려지는 현실을 봤습니다. 여전히 세계 곳곳에서 6억 명이나 되는 사람들이 굶주리고 있다는 사실도요.

신문 기사, 뉴스, 다큐멘터리 등 다양한 매체에서 다루는 환경 관련 실태를 마주하며 모두가 연결되어 있음을 깨닫습니다.

그리고 잠깐의 편리를 위한 우리의 행동이 무거운 현실과 책임으로 되돌아옴을 알아 갑니다.

가정에서도 아이들이 친환경적으로 생각하고 실천할 수 있도록 이끌어 주세요. 아이의 말이라고 가볍게 치부하지 않고 존중해 주신다면, 환경에 좋을 뿐만 아니라 아이들의 성취감이 다른 일로 확대되고 더욱 커질 것이라 확신합니다. 오늘 아이들과 함께 본 동영상을 첨부해드립니다. 늘 동행해 주시는 보호자께 감사합니다.

추신
1. 과제: 주어진 신문 기사를 읽고 환경 다큐멘터리 시청 소감을 5줄 이상 써 오기
2. 행정정보 공개 동의서를 미제출한 가정에서는 해당 서류를 내일까지 보내 주세요.

〈먹다 버릴 지구는 없다〉   〈플라스틱 차이나〉   중국이 거부한
감독 인터뷰   폐플라스틱 처리

3월 24일

○

직업에는
귀천이 있다?

안녕하세요? 오늘은 우리 교실에 필요한 직업을 찾아보고 선택하는 시간을 가졌습니다.

지난주 문장 완성 검사에서 많은 아이가 자신이 원하는 것, 소원을 묻는 질문에 '돈이 많았으면 좋겠다'고 응답했는데요. 우리 사회는 돈에 따라 직업의 귀천을 나누는 경향 또한 강합니다. 초등학생을 위한 의대 진학반 학원이 있을 정도로 의사를 선호하는 것만 봐도 알 수 있습니다. 많은 보호자님과 아이가 장래 희망으로 의사를 선호하는 이유는 정년 없이 일할 수 있는 전문직이기도 하지만 평균 임금보다 훨씬 많은 돈을 벌 수 있을 것으로 예상하기 때문입니다. 안타깝게도 누구나 높은 임금을 받는 직업을 희망하고, 낮은 임금을 받는 직업을 귀하지 않게 여깁니다. 어느 자리든 한정적이기에, 경쟁을 통해 누군가는 희망하는 자리를 갖게 되지만 더 많은 사람이 그 반대에 자리하게 됩니다.

밤 12시 전에 주문하면 우렁각시처럼 이튿날 가져다준다는 로켓배송 광고가 있지요. 소비자는 배송 과정의 각 단계를 실시간으로 확인할 수도 있습니다. 그런데 우리가 편히 쉬고 잠드는 시간에 물건을 선별해 집 앞까지 가져다주는 건 로켓이 아니라 사람입니다. 밤새 쉬지 않고 촌각을 다투며 일하는 건 기계가 아닌 배달 노동자입니다.

건강을 돌봐 주는 의사와 편리한 일상을 만들어 주는 배달 노동자의 노동 가치에 차이가 있다고 생각하시나요? 우리가 하는 일의 귀하고 천함을 가리고 계층화할 수 있을까요?

이 세상의 모든 직업은 우리의 삶을 건강하고 편리하며 풍요롭게 하기에 존재합니다. 그래서 직업의 귀천 의식을 희미하게 만드는 것이 필요합니다. 모든 직업이 존중받는 사회라면 자신의 흥미와 능력을 더 살펴 직업을 선택하고 어떤 일이든 존중하게 되기 때문입니다.

아이들과도 직업의 귀천 의식에 대해 이야기한 후 직업을 골라 보도록 했습니다. 먼저 학급에 필요한 일이나 각자의 흥미를 조사했고, 이에 따라 수업 도우미·은행·네일숍·교실 인테리어·헤어 디자이너·마트·청소·국세청으로 직업을 확정 지었어요. 다음으로는 선호하는 직업을 조사했습니다. 교실 인테리어와 청소를 가장 선호하지 않았고 간식을 파는 마트를 가장 선호했습니다. 현실에서는 돈을 많이 받는 직업을 선호하지만, 아직 월급이 정해져 있지 않다 보니 보상에 관계없이 자신의 관심과 적성에 따라 직업을 선택하더군요. 이어 아이들에게 월급에 대해 물었습니다.

"얘들아, 월급은 똑같이 줄까?"

"아니요. 청소를 맡은 사람에게 가장 많이 줘야 해요. 다 하기 싫어하잖아요."

"마트는 다 하고 싶어 하니까 제일 적게 줘요."

"마트는 하는 것만으로도 재미있겠다!"

"아! 나 꼭 하고 싶다."

다수가 희망하지 않는 일의 수고에 고마움을 표현하고자 보상의 차이를 뒀지만, 돈이 직업 선택에 끼치는 영향을 줄이기 위해 그 차이는 미세하게 했습니다. 보상의 정도가 정해지고 희망 직업을 1순위부터 3순위까지 적어 봤어요. 한 직업을 두고 여러 사람이 경쟁을 해야 하는 상황일 때는 눈을 감고 교과서를 펼쳐 해당 쪽수에 그려져 있는 사람 수가 가장 많이 나온 사람이 그 직업을 갖기로 했습니다. 눈을 감고 교과서를 펼 때의 긴장감으로 손에 땀을 쥐었고, 그 결과에 대한 기쁨과 아쉬움이 교실에 가득했습니다.

다음 주에는 미술, 실과 시간에 '학급 화폐'와 '교실 로또' 디자인을 고민하고 세금은 어떤 종류로 얼마나 내야 할지 의논해 보려 합니다. 학급 경제를 운영하는 과정 속에서 여러 의견을 제안하고 협의하며 생각이 깊어지리라 기대합니다.

이번 주말에는 직업의 귀천 의식에 대해 이야기 나눠 보시면 어떨까요? 돈이 얼마나 있으면 행복할지, 돈이 많을수록 행복한지 생각해 봐도 좋겠습니다. 《쇳밥일지》에서 청년 용접 노동자 천현우는 누구보다 치열하게 노동했지만 최저 시급 수준의 월급을 벗어날 수 없는 자신의 현실에 인간답게 살기를 꿈꿉니다. 누군가의 수고가 있기에 우리의 일상이 가능함을 확인하는 오늘, 아이들이 청년으로 성장해 직업을 갖게 되는 때에는 모든 노동이 존중받는 사회이길 바랍니다.

4월 16일

○

말과 행동에는
의도가 있다

다른 사람과의 교류는 즐겁지만 종종 갈등이 일어 힘들기도 합니다. 어느 날 한 아이가 제게 와서 아침에 있었던 상황을 이야기했던 기억이 떠오르네요. 친구 모자를 가져다 쓰고, 복도에서 "내가 제일 예쁘지?"라고 했는데 그 말에 누군가 자기 팔을 쳤다고 합니다.

여러 아이가 함께 있는 자리에서 생긴 일인 만큼 해결 과정도 공유했습니다.

"팔을 맞은 친구는 선생님에게 이 이야기를 왜 전했을까요?"

"그 친구가 혼났으면 해서요."

"사과받고 싶어서요."

"친구의 행동이 싫어서요."

"선생님에게 이야기를 전한 건 선생님이 해결해 주기를 바라는 의도가 있어서였겠네요. 이렇게 사람이 하는 말과 행동에는 의도가 숨어 있습니다. 그 의도를 읽는 것이 다른 사람과 원만한 관계를 맺고 살아가는 데 중요해요.

이 갈등의 시작은 무엇이었을까요? 친구의 모자를 쓰고 내가 제일 예쁘다고 말한 일이었겠지요? 이 말을 한 의도는 무엇이었을까요?"

"우리를 웃기려고요."

"그냥 혼자 재미로요."

"진짜 스스로가 예뻐 보여서요."

"그런 의도였다면 팔을 칠 필요가 있었을까요? 스스로 재미를 즐기도록 그냥 뒀어도 되지 않았을까요? 팔을 친 친구는 친구가 어떤 의도를 가지고 그런 행동을 했다고 생각했나요?"

"…."

"친구의 행동이 거슬렸더라도 팔을 칠 정도까지의 행동이었나요?"

"아니요."

"팔을 맞은 친구는 친구가 팔을 쳤을 때 어떻게 했나요?"

"선생님께 가서 이야기했어요."

"팔을 친 친구에게 왜 그런 행동을 했냐고 묻거나 기분이 나쁘다고 표현해 봤나요?"

"아니요."

"그럼 선생님에게 바로 와서 이야기한 의도는 무엇인가요?"

"그 친구에게 사과받고 싶었어요."

"사과는 친구에게 받아야 하는데, 당사자에게 기분 나쁘다고 말하기 전에 선생님에게 온 건 지혜로웠을까요?"

"…."

"선생님은 여러분이 서로의 말과 행동에는 의도가 있음을 알고 상대방을 생각하는 반응을 보여 주면 좋겠습니다. 혹시라도 그 반응에 기분이 상했다면 친구에게 나의 감정을 자세히 표현해 줘야 해요. 선생님이 해결해 주길 바라기보다 일단 스스로 해결해 보는 게 중요합니다.

여러분은 선생님이 우리 반 규칙을 정하자고 하지 않는 이유를 알고 있나요?"

"아니요."

"보통 규칙은 '○○하지 않기'로 정하는데, 이 세상에는 해서는 안 되는 일보다 해도 되는 일이 많지요. 그래서 규칙이라는 틀 안에 여러분을 가두면 안 된다고 생각합니다. 대신 여러분이 나와 우리를 위해 할 일과 하지 않아야 할 일에 대해 스스로 생각하는 힘을 길렀으면 합니다. 선생님은 이 교실에서 여러분을 감시하거나 결정을 내려 주기 위해 있는 사람이 아닙니다. 직접 해결하는 힘을 길러 보고 그래도 해결되지 않을 때 선생님에게 도움을 청하면 좋겠어요. 그렇게 도움을 청해 오면 선생님 혼자의 판단이 아닌 모두의 지혜로 함께 해결해 가겠습니다."

잘잘못을 가리고 사과하면 금방 마무리 지을 수 있는 일이었지만, 모든 말과 행동에는 의도가 숨어 있으니 타인과 교류할 때는 나의 의도를 잘 담아 알맞은 언행을 하는 한편 상대의 의도도 잘 읽고 반응해야 한다는 것을 배우는 시간이었습니다.

가정에서도 보호자께서 잘잘못을 가려 주시기보다는 아이들이 스스로 생각할 수 있는 시간을 충분히 주시면 좋겠습니다. 우리 어른들이 기회를 주고 기다리는 만큼 아이들도 성숙할 것입니다.

4월 17일
○
우리가
산책하는 이유

안녕하세요? 찌뿌둥한 월요일, 아침 산책과 함께 한 주를 시작했습니다. 올해 우리 반은 생태 수업을 특색으로 하고 있는데요. 바람 선생님의 도움을 받아 학교 주변 산책로를 걸으며 자연을 관찰하고 존중하는 힘을 기르는 중입니다. 지난번 바람 샘과의 산책길에서는 찔레꽃 냄새도 맡아 보고 열매 속에 숨어 있는 애벌레를 구경했습니다. 정후는 자신이 키우고 있는 파리지옥에게 먹이를 줘야 한다며 여러 벌레를 잡아 바지 주머니에 열심히 넣었습니다. 역시 파리지옥 아빠다워요. 자연도 아이들도 산책 때마다 다른 모습을 보여 줘서 새로움에 놀라고 함께하는 재미가 있습니다.

오늘의 산책 미션은 '동식물을 자세히 살펴보고 사진 찍기'

였는데요. 우리 주변에 사는 동식물을 소개하는 스티커를 만들기 위함이었습니다. 세심히 들여다보며 걷는 길은 매우 흥미로웠습니다. 진달래의 달콤함에 미식 산책길이 되었고, 작은 터널을 통과할 때는 영화 〈스즈메의 문단속〉의 주인공이 된 듯 다른 세상으로 나아가는 마법의 길을 상상해 보기도 했습니다. 다채롭고 아름다운 자연 덕분에 아이들과 행복한 시간을 보냈습니다.

생기 있는 모습들을 보니 자연보다 아이들이 더 예쁘네요. 나태주 시인의 시 〈풀꽃·1〉이 입안에 절로 맴돕니다.

자세히 보아야
예쁘다

오래 보아야
사랑스럽다

너도 그렇다.

아이들에게도 알려 줘야 했는데 내일 소개해야겠네요. 아이들 모습이 담긴 사진을 보내드립니다. 부디 보호자께서도 우리 아이들 천천히, 자세히 봐 주세요.

산책할 때 일어날 수 있는 일들에 대처하는 법

"밖은 너무 덥지 않을까요?"

온도를 통제할 수 있는 실내와 달리 바깥은 날씨를 살펴야 하지요. 저는 아직 기온이 오르지 않은 1교시에 활동해 상쾌한 아침 공기를 느낄 수 있게 합니다.

"아이들이 벌레나 곤충을 보고 놀라 소리 지르고 도망가지 않나요?"

바깥 활동이 낯설어 벌레나 곤충을 보고 큰 소리를 지르거나 도망가는 아이에게는 이렇게 질문합니다.

"이곳은 우리의 공간일까, 곤충의 공간일까?" "크기를 생각해 보자. 곤충에게는 우리가 어떻게 보일까?" "우리는 이곳에 잠시 놀러 온 손님일 뿐인데 이렇게 소리 지르고 뛰어다니면 될까?"

사실 벌레나 곤충에게 우리는 공룡처럼 거대하고 위협적인 존재이고, 자연은 우리의 것만이 아니지요. 모두 함께 살아가는 곳이라는 사실을 깨닫게 되면 무서워하기보다 존중하는 마음을 기를 수 있습니다.

"교사인 제가 식물을 잘 몰라서 나가서 무엇을 해야 할지 모르겠어요."

식물을 잘 모를 땐 이름을 알려 주는 앱을 활용할 수 있습니다. 학교나 교육 지원청의 예산을 활용해 전문 강사를 섭외해서 도움을 받을 수도 있습니다. 전문 강사 섭외는 지역 내 환경 단체에 문의, 요청하면 가능합니다.

"밖에 나가면 아이들이 질서가 없고 너무 소란해요."

당연합니다. 교실은 배우는 활동에 최적화된 공간이므로 그렇지 않은 곳에 가면 아이들을 통제하기 어렵습니다. 교실에서와 같이 통제하려 애쓰고 질서를 유지하지 못했다며 교사인 나의 능력을 의심하거나, 아이들이 잘못 행동하고 있다고 탓하지 않으시길 바랍니다. 장소가 극명하게 다르니 기준 또한 달라야 합니다. 지나친 소란이 아니라면 가지런히 줄을 세워 가기보다 삼삼오오 두런두런 손을 잡거나 팔짱을 끼고 소소한 이야기도 나누며 천천히 걷습니다. 날씨를 느끼고 각자 시선 가는 대로 보며 감정을 주고받습니다. 교사에게는 아이들의 교우 관계나 일상을 살필 수 있는 좋은 기회입니다. 밖에 나가는 활동이 처음일 경우 들뜬 마음에 많은 곳에 관심을 가지기 마련입니다. 일회성이 아닌 긴 호흡으로 활동한다면 점점 번잡함을 거두고 느리게 보는 힘이 길러진 아이들을 발견할 수 있습니다. 아이들이 산만하다는 생각은 성급한 판단입니다.

"학교 밖인데 나가도 되나요? 무슨 일이 일어나진 않을지 걱정됩니다."

교육과정의 장소를 확대 적용한다는 내용을 공문서로 남겨 혹시나 일어날 수 있는 부정적인 상황에 대비할 수 있습니다. 공문서 작성은 다음과 같이 할 수 있습니다.

○학년 교육과정 계획에 따라 교육 활동 장소를 아래와 같이 확대 운영하고자 합니다.

가. 기간: 202○년 3월 ~ 202○년 1월

나. 장소: ○○초등학교 및 ○○아파트 둘레 산책로

다. 운영 내용: 교과 및 창체 교육과정을 활용한 생태 교육. 끝.

아! 가장 중요한 점이 있습니다. 산책 중 만나는 이웃 어른께 밝게 인사하는 것입니다. 교사와 아이들이 이웃들께 먼저 밝은 인사를 건넨다면 학교 주변 사람들이 바깥 교육 활동을 긍정적으로 인식할 것입니다.

여름과 가을

●

함께
자라기

학년, 선생님, 친구에 익숙해지고 나면 비로소 깊은 배움을 시작할 수 있는 몸과 마음이 준비됩니다. 중학생이 되었을 때 필요한 힘들을 키우는 시간이기도 하지요.

교육심리학자 레프 비고츠키는 개인의 고등 정신 기능이 다른 사람과 상호 작용하는 가운데 내면화되며 발달한다고 말합니다. 이때 언어가 중요한 매개 역할을 한다고 보고 언어적 사고를 핵심 요소로 강조하는데요. 언어 교육은 현대인의 스마트폰 사용 시간이 늘어나고 문해력 부족이 사회적 문제로 대두되면서 더욱 중요해지고 있습니다. 문해력을 높이려면 어휘력을 먼저 길러야 하지요. 일정 수준의 어휘력을 갖추지 못하면 선생님의 이야기나 책의 내용을 이해하기 힘듭니다. 이해가 안

되니 공부도 어렵고 흥미가 떨어집니다.

어휘력을 높이기 위해 꾸준히 '신문 기사와 책 읽기'를 했습니다. 신문 기사는 교사가 매일 틈틈이 인터넷으로 여러 신문사의 기사를 읽고 6학년이 이해하기에 적합한 것을 골라 주 1~2회씩 과제로 제시했습니다. 이 활동으로 생소한 낱말을 새로 익히고 다양한 유의어와 반의어를 알게 했으며 시사에도 관심을 갖게 했습니다. 긴 흐름으로 진행되는 책 읽기에서는 질문 만들기 활동을 활용했습니다. 아이들이 책을 읽으며 직접 질문을 만들도록 독려하고, 교사가 그중 의미 있는 질문을 몇 가지 골라 모두에게 과제로 부여했습니다. 책을 다 읽은 후에는 각자 인상 깊었던 부분을 그렇게 생각한 이유와 함께 정리했습니다. 책의 주제와 관련 있는 다른 매체를 바탕으로 여러 관점과 풍부한 생각이 담긴 글쓰기를 했습니다. 책《돼지를 키운 채식주의자》와 영화〈P짱은 내 친구〉〈옥자〉가 대표적인 예입니다.

교실이 작은 사회를 담고 있듯, 교육과정 또한 지금의 사회를 담아내도록 구성했습니다. 6학년 사회과에서는 가계와 기업의 역할 그리고 합리적 선택에 대해 다룹니다. 하지만 우리 삶은 소비자와 생산자의 구분이 뚜렷하지 않은 시대로 접어들고 있습니다. 이에 생산자를 경험할 수 있는 심화 활동으로 '창업의 날'을 계획했습니다. 아이들은 또래를 위한 사업 아이디어를 떠올리고 여러 판매 전략을 세워 운영했습니다. 활동 후에는 창업 과정에 대한 보고서를 쓰며 스스로 평가했습니다.

이러한 독후 글쓰기, 보고서 작성의 공통점이 있다면 동일한 잣대로 평가하기 어렵다는 것입니다. 사람마다 중요하게 보고 느낀 바가 다르기 때문이지요. 그래서 서로가 작성한 글을 돌려 읽으며 맞고 틀림, 옳고 그름을 판단하기보다 각각의 생각에 감탄하며 다른 관점을 배웁니다. 정답을 찾는 공부만 있는 것이 아니라 나의 삶을 둘러싼 모든 것이 배움이 될 수 있음을 깨닫고, 내가 가진 나만의 특별함을 더욱 발전시키고자 노력하게 됩니다.

한편, 친구와 관계가 깊어지며 갈등이 일어나기도 하는데요. 처음에는 서로를 잘 몰라 조심스럽게 대하려고 노력하던 태도가 우정이 깊어질수록 옅어집니다. 그래서 간혹 '이 친구는 이럴 것이다' 예단하고 상대의 감정을 상하게 하는 언행으로 미움을 삽니다.

아이들 관계에 있어 벌어지는 일 중 가장 큰 문제는 지나친 SNS 사용입니다. 아이들은 자신이 좋아하는 것들을 인스타그

램 스토리에 올려 타인의 관심을 구합니다. 그리고 몇 명이 봤는지, 누가 댓글을 달았는지를 확인하며 만족감을 느낍니다. 친구와의 다툼 역시 SNS에 올려 그 일을 알지 못하는 다수에게 노출하고 나쁜 소문과 오해를 일으켜 자기 자신을 궁지에 몰기도 합니다. SNS에 친구와 부딪친 일을 올리면 다른 사람들에게 위로받거나 그들도 상대를 미워할 거라 생각하는 것이지요. 가상 세계에서 감정을 해소하면 현실에서도 쉽고 빠르게 문제가 해결되리라 기대하지만, 현실에는 상대의 반응을 즉각 확인할 수 있는 공감 버튼이나 댓글이 존재하지 않습니다. 오히려 관계를 악화시킬 뿐입니다.

관계의 회복은 자신의 감정을 객관적으로 바라보는 데서 시작합니다. 글에 문해력이 있는 것처럼 감정에도 문해력이 있습니다. 타인과 나의 마음을 섬세하게 읽고 현명하게 대처할 때 건강한 관계를 유지할 수 있습니다. 나의 속상함을 SNS에 표현하는 것은 친구와의 갈등을 증폭시키는 일임을 알려 주고 하지 않도록 지도합니다. 조급함을 거두고 기다림에 대해 이야기하며 함께 연습합니다.

어떤 아이는 어긋난 관계가 영원할 것 같아 불안해하고 두려워합니다. 초등학교 졸업과 동시에 관계도 끝날 것이라 혼동하며 매몰차게 굴기도 합니다. 사람 관계에서 어떤 상태가 영원히 유지될 일은 없습니다. 그래서 언제든 다시 만날 수 있고 어울릴 수 있다고 말해 줍니다. 무엇보다 갈등 상황에서 아이들과 보호자 모두 감정에 휘말리지 않도록 경계합니다.

다행스럽게도 아이들은 회복하는 힘이 뛰어납니다. 다시는 안 볼 것처럼 굴다가 어느새 마주 보며 까르르 웃고 떠드는 녀석들을 보자니 세상 심각하고 진지하던 과거가 떠올라 헛웃음이 나옵니다. 우리는 감정 노동자인 것이 확실합니다. 힘들 때도 있지만 벌써 어른이 된 듯 서로 다름을 인정하고 배려하며 다독이는 모습에 감동합니다.

가을이 완연해지면 보호자는 자녀의 중학교 진학을 앞두고 걱정이 많아집니다. 상담에서 학업과 진로 지도에 대한 어려움을 호소합니다. 기술과 시대가 빠르게 변하고 있는 것은 알겠는데 어떻게 해야 할지 몰라 답답함을 느낍니다. 잠시 과거와 지금을 비교해 봅니다. 18년 전, 제가 처음 맡은 5학년 제자들이 지금 사회생활을 열심히 할 30세의 나이가 되었습니다. 제가 그때의 5학년들에게 앞으로는 유튜버가 대세이니 네가 좋아하는 분야의 영상을 만들어 1인 미디어를 운영해 보라고 할 수 있었을까요? 2024년의 세상이 이런 모습일 거라고 예측할 수 있었던 사람은 아무도 없었습니다.

지금의 6학년 아이들과 보호자께도 "앞으로의 세상은 이런 모습입니다. 그러니 이렇게 하십시오"라고 방법을 제시할 수 없습니다. 하지만 변하지 않는 것이 있습니다. 내 자녀만이 가지고 있는 특별함입니다. 우리는 방법적인 면보다 본질적으로 아이가 흥미 있어 하는 것, 잘하는 것에 집중해야 합니다. 기술의 발전에 따라 변하는 주변보다 나에 대해 집중하며 탐색하는 가운데 작은 성취를 이뤄 가게 해야 합니다. 그러다 보면 어느새 '나를 아끼는 삶'을 살고 있는 아이들을 발견하게 되겠지요. 저는 보호자께 아이가 스스로 탐색하는 시간을 기다려 주고 아이가 걸어가는 길에 함께하시길 권합니다. 아이들에게도 타인의 기준에 매몰되기보다 나를 존중하며 살아가는 자세를 가르칩니다.

생각이 익어 가는 만큼 고민도 깊어지는 여름과 가을입니다. 교사, 아이, 보호자 모두 같이 머리를 맞대고 서로를 위하며 성숙해 가야 할 때입니다.

5월 9일

○

내가 게임을 이겼다면
그건 운 때문

안녕하세요? 오늘 아침은 슬펐고 고마웠으며 행복했습니다.

교실 옆 계단을 청소하려는 제게 아이들이 먼저 손을 내밀었습니다.

"저도 도울게요."

"저도 청소할게요."

다른 사람을 도우려는 규은, 성민, 채윤, 혜윤이의 마음이 고마웠습니다.

같이 계단을 청소하는데 등교하는 재원이와 우림이를 만났어요. 둘은 인사와 함께 집에 있는 옷을 확인한 이야기를 전해줬습니다.

"선생님, 새 옷은 순면을 찾아 샀어요."

"선생님, 생각보다 폴리(플라스틱)로 만들어진 옷이 너무 많아요. 저희 집에 있는 제 옷이 대부분 폴리라 놀랐어요."

배운 것에 지속적인 관심을 갖고 실천하는 모습을 보니 뿌듯하고 행복했습니다.

사실 출근길에 전해 들은 뉴스는 너무 슬프고 우울했거든요. 지난 4월 4일 한국자살예방협회가 2024년 1월 자살로 사망한 사람이 전년 동기 대비 32퍼센트 급증한 것으로 나타났다며 자살의 심각성을 알리고 대책을 시행해야 한다고 밝혔습니다. 지난해에는 서울에 사는 청년 중 4.5퍼센트인 13만 명이 집은 물론 방 밖에도 나가지 않는 '은둔형 외톨이'라는 조사 결과가 발표되기도 했습니다.

출생률은 세계 꼴찌인데 자살률은 세계 1위인 이유가 무엇일까요? 무엇 때문에 한창 빛나는 청년기에 바깥세상과 단절된 채 외로이 살아갈까요? 저는 우리가 경쟁이 만연한 사회에 살고 있기 때문이라고 생각합니다. 이 세상에 태어나는 순간부터 시작되는 비교와 경쟁으로 인해 우리는 다른 사람보다 앞서고 뛰어나야 한다는 강박에 시달립니다. 그리고 다른 사람보다 뒤떨어지면 내 삶이 풍요롭지 못할 것이라는 불안에 사로잡히지요. 이 강박과 불안이 결과적으로 모두를 불행하게 만들고 있습니다.

이미 우리 반 아이들에게도 경쟁의식이 깊게 자리 잡고 있어 걱정스럽습니다. 오전에 있었던 국어 시간에 관용 표현을 배우고 4명씩 모둠을 만들어 '말판 놀이'를 했는데요. 놀이 방법은 이렇습니다.

1. 주사위와 말을 준비한다.

2. 짝과 가위바위보를 해서 차례를 정한다.

3. 이긴 사람은 주사위를 던져 나온 수만큼 앞으로 움직인다.

4. 움직인 칸에 나온 문장이 관용 표현인지 아닌지 이야기한다.

5. 틀렸다면 원래의 자리로 되돌아간다.

6. 도착점에 먼저 도착한 사람이 이긴다.

아이들이 사이좋게 놀이를 하는 모습에 절로 미소가 지어지더군요. 기분이 좋아 놀이 후 아이들과 사탕을 나눠 먹으려고 간식 통을 가슴에 끌어안으니 눈치 빠른 아이들이 묻습니다.

"선생님, 1등 한 사람만 주는 거죠?"

"저 1등 했어요."

"아싸! 나 1등 했는데!"

순간 가장 먼저 도착점에 다다른 소수의 친구와 그렇지 않은 다수의 표정 속에서 엇갈리는 희비를 봅니다. 제가 간식 통을 들자마자 즐거웠던 놀이 시간이 기쁨과 속상함으로 나뉘는 것을 보며 아이들과 이야기를 했습니다.

"가장 먼저 도착한 친구들은 손을 들어 봅시다."

"저요!"

신난 얼굴로 손을 번쩍 든 친구들에게 물었습니다.

"얘들아, 선생님이 한 가지 물어볼게. 1등은 어떻게 존재하는 걸까?"

"게임을 잘해서요."

"공부를 잘해서요."

다시 묻습니다.

"말판 놀이를 혼자 할 수 있을까?"

"아니요."

"놀이를 함께한 친구들이 있으니 누구는 놀이에서 이기고, 누구는 지겠지?"

"네."

"그럼 친구 덕분에 놀이를 할 수 있었으니 내가 이겨서 좋아하는 것보다 함께해 준 친구에게 고마움을 갖는 게 더 좋지 않을까?"

"그렇네요."

나의 승리는 다른 사람이 함께 참여해 줬기에 있었음을 깨닫습니다.

"오늘 이 놀이에서 먼저 도착하려면 어떻게 해야 할까?"

"관용 표현에 대해 알아야 해요."

"순서가 중요해요."

"가위바위보를 잘해야 해요."

"먼저 시작하는 게 유리해요."

"주사위를 잘 던져야 해요."

"말판 칸 내용이 잘 걸려야 해요."

"그렇다면 가위바위보에서 이기는 것과 주사위 수는 내가 원하는 대로 할 수 있을까?"

"아니요."

아이들도 알고 있습니다. 놀이에서 이기려면 말판의 칸에 적혀 있는 문장이 관용 표현인지 구별해 내는 능력 즉, 지능이나 노력보다 운이 더 중요했다는 것을요. 지금의 승리는 단지 오늘, 일시적으로 운이 좋았기 때문이라는 것을요. 그러니 놀이에서 이겼어도 오직 나의 능력이 우수해서라고 생각하며 우쭐할 이유가 없고, 이기지 못했어도 속상해할 일이 아닙니다.

"맞아. 너희들 이야기처럼 놀이에서 이기려면 운이 정말 중요해. 그래서 선생님은 이기고 지고를 떠나 내 곁에 친구가 있어 재미있게 공부할 수 있었다는 사실을 더 알아주면 좋겠어. 자, 이제 즐거웠던 놀이 시간을 기억하면서 모두가 사탕을 나눠 먹으면 어떨까?"

다 같이 사탕을 먹으며 달콤함을 느끼는 모습을 보니 한결 마음이 편안해졌습니다.

미국의 마이클 샌델 교수는 《공정하다는 착각》에서 개인의 능력을 우선시하고 그에 보상하는 능력주의의 이상에 대해 비판합니다. 개인의 성공은 우리가 흔히 생각하듯 한 사람의 능력과 노력만으로 이뤄지지 않는다는 것이지요. 그렇기 때문에 우리가 공동선共同善을 만들고 공동체 의식을 회복해야 한다고 말합니다.

우리 아이들이 교실에서, 자라서는 사회에서 매 순간 나 자신이 남들보다 더 우수함을 증명해 보이도록 강요당하지 않으면 좋겠습니다. 지금처럼 내 옆에 친구와 동료가 있어 의미 있는 삶이 될 수 있었음을 깨닫고 주변을 챙기며, 때로는 돌봄을 받으며 살아가면 좋겠습니다.

그런 교실이라면 놀이에서 졌다고 기죽거나 속상할 일은 없습니다. 그런 사회라면 열등감과 패배감에 젖어 있을 일도 없습니다. 스스로 삶을 고립시키거나 자신을 절벽에 내몰 일은 더더욱 없습니다.

대신 함께 청소를 도와주던 어릴 적 마음 그대로 도움이 필요한 이들을 눈여겨보는 사람으로 성장하겠지요. 지구인으로서 환경을 살리고, 먼 나라에 있는 사람들도 건강히 살 수 있게 하는 선택을 할 것입니다.

저는 아이들이 그런 어른으로 자랄 수 있도록 교실에서 돕고 지키겠습니다. 보호자들께서도 힘을 모아 주시길 부탁드립니다. 감사합니다.

5월 27일

○

다정함은 곧
나의 생존이다

이번 국어 시간에는 이야기의 구조를 활용해 요약하는 법을 배우기 위해 '저승에 있는 곳간'이라는 전설을 읽었습니다. 전에 직업을 정하며 돈과 관련된 이야기를 했던지라 더 흥미로운 시간이었어요. '저승에 있는 곳간'의 간략한 내용은 이렇습니다.

옛날, 영암 원님이 갑자기 죽어 저승에 가게 된다. 원님이 염라대왕에게 이승에서 좀 더 살게 해 달라고 간청하자 염라대왕은 원님을 저승사자에게 돌려보내고, 저승사자는 다시 이승으로 보내 줄 테니 수고비를 내놓으라고 한다. 수고비는 이승에서 좋은 일을 한 만큼 재물이 쌓이는 저승의 곳간에 있는 것으로 내야 하는데 원님의 곳간은 비어 있었다. 저승사자는 원님과 한 고을에 사는 주막집 딸, 덕진의 곳간에서 쌀 300석을 꿔 수고비를 치르게 하고 이승에 가서 갚으라며 돌려보낸다. 이승에 온 원님은 덕진을 만나고 인정이 많은 그녀의 말과 행동에 크게 감명받아 쌀 300석을 갚는다. 덕진은 원님에게 받은 쌀로 마을 앞을 가로지르는 강가에 다리를 놓는다. 사람들이 이 다리를 '덕진다리'라 했다.

학습 주제에 대해 배우고 난 뒤, 아이들에게 물었습니다.

"원님이 덕진에게 감명받아 쌀 300석을 갚는 행동은 정말 선의에서 나온 것일까?"

대부분 선의라고 보지 않더군요. 많은 아이가 답합니다.

"이미 저승의 규칙을 알고 왔잖아요. 다시 죽은 뒤 저승에서 편히 살기 위해 갚은 것이니 선의에서 나온 행동이라 보기 어렵지 않나요?"

저는 '감명'에 대해 물어봅니다.

"감명을 받았다는 건 무슨 뜻일까?"

"깊이 깨달았다는 것이요."

"감동했다는 것이요."

"맞아. 감명이란, 감동해서 마음에 깊이 새긴다는 의미야. 그렇다면 의도적인 감동이 가능할까?"

"아니요."

"감동은 내가 어찌할 도리 없이 나의 마음이 움직이는 것이
지. 그런 점에서 원님이 덕진에게 쌀 300석을 갚은 행동은 선의
즉, 착한 마음에서 나왔다고 볼 수 있어. 그럼 우리는 왜 다른 사
람을 위하는 마음에 감동하는 것일까?"

"착한 행동이라서요."

"모두를 위하기 때문이에요."

옛이야기를 넘어, 이타적인 마음에 감동하는 본질적인 이유
를 생각해 봅니다.

'남을 위하는 마음에 감동했다'는 것은 넓게 보면 '행복을 느
꼈다'는 뜻이라고 할 수 있습니다. 《행복의 기원》에서는 행복이
우리 삶의 목적이 아니라 삶을 유지하기 위한 수단이라고 주장
합니다. 인간은 행복하기 위해 사는 것이 아니라 생존하기 위
해 행복을 느낀다는 것입니다. 예를 들어 우리는 맛있는 음식
을 먹으면 행복하다고 느끼는데요. 이때 음식은 우리 삶의 목
적이 아닌 생존을 유리하게 만드는 영양소입니다. 자식을 낳고
기르며 느끼는 행복도 생존과 연결 지을 수 있습니다. 생물학
적으로 자녀를 낳는 행위는 '나는 죽어도 나의 유전자가 이 세

상에 살아남음'을 의미하기 때문입니다.

남을 위하는 마음 또한 우리의 생존에 중요하기에 감동을 준다고 볼 수 있습니다. 《다정한 것이 살아남는다》는 강한 개체가 살아남아 진화해 왔다는 '적자생존'을 반박합니다. 인간은 친절과 협력을 기반으로 생존에 유리하게 진화해 왔다고 말합니다. 가장 대표적인 예가 눈입니다. 다른 동물과 달리 인간의 눈은 흰 공막 가운데 눈동자가 위치해 상대방의 시선이 어디를 향하는지, 무슨 생각을 하고 어떤 감정을 느끼는지 알 수 있습니다. 우리는 상대와 소통하고 공감하며 세상을 발전시켜 왔습니다. 다른 사람에게 다정한 사람은 집단에게 배척당하기보다 환영받았지요.

옛이야기의 교훈이라고 생각했지만, 우리의 삶에 있어 다정함이란 틀림없이 영원할 가치네요. 교실에서도 아이들과 함께 다정함을 실천하며 삶을 더욱 건강하고 풍요롭게 채울 수 있도록 노력하겠습니다.

5월 31일

○

내가 사장이다:
창업의 날

오늘은 아이들이 너무나 기다리던 사회과 경제 수업, '내가 사장이다'가 있었습니다. 그동안 시키지 않아도 점심시간까지 삼삼오오 모여 사업에 대해 고민하고 계획하는 모습에 놀랄 때가 많았는데요.

창업의 형태는 음식이나 과자를 구매한 후 재판매하기, 직접 상품 생산하기, 게임 요소를 활용해 게임 이용권 판매하기, 자신의 권리(강아지 산책권 등)를 다른 사람에게 양도하기, 자신에게는 필요 없는 중고품 판매하기, 고민 상담소 운영하기, 자신의 지혜 거래하기, 오늘의 운세나 뽑기를 이용해 상점 운영하기 등 다양했습니다.

활동은 5~6교시에 이뤄졌습니다. 5교시는 음식을 제외한 시장, 6교시는 음식과 관련된 시장으로 운영되었어요. 모두가 시장을 즐기는 가운데 매출을 올리기 위해 자신이 판매하는 상품을 홍보하기도 하고, 마감이 임박해서는 할인이나 끼워팔기(1+1)도 하는 등 흥미로운 장면들이 많았습니다. 활동 마감 10분 전에는 매출액을 계산했습니다.

내일은 자신이 기대했던 매출 대비 실제 매출 분석(매출이 예상보다 많거나 적은 원인 분석), 초등학생을 대상으로 한 좋은 창업 아이디어, 활동 소감(흥미로웠던 점, 어려웠던 점, 아쉬운 점) 등을 글로 써서 정리하려 합니다.

가정에서 함께 도움 주신 보호자들께 감사합니다. 진지하고 즐거웠던 아이들의 활동을 담은 사진과 동영상 공유합니다. 미소 짓는 오후 보내세요.

6월 2일

○

우리는
왜 글을 쓰는가

안녕하세요? 국어과 7단원 '우리말 사용과 관련한 논설문 쓰기'를 위해 여러 기사를 읽었습니다. 이미 3단원에서 논설문을 쓰는 방법에 대해 다뤄 봤기에 이번 단원에서는 최대한 많은 글을 읽고 조직해서 쓰는 것을 목표로 했습니다.

우리의 평가 체계는 대부분 정해진 답을 고르는 객관식으로 이뤄져 있습니다. 대학 입학시험의 채점을 기계가 하는 유일한 나라라고도 하지요. 학교뿐만 아니라 방과 후에 가는 학원에서도 객관식 문제를 풀며 공부합니다. 아이들이 학교에 다니는 동안은 진단평가부터 각 교과의 단원 정리에 이르기까지 객관식 문제에서 벗어나기 어려운 처지입니다. 이러한 현실에서는 지식 탐구보다 주어진 문제 속에서 어떻게 하면 효율적으로 빠르게 답을 고를 수 있는가가 더 중요합니다. 그리고 아이들은 뭔가를 익히고 배운 내용을 확인한 후 얻는 결과에 대해 습관처럼 묻습니다.

"선생님 저 몇 점이에요?"

"이렇게 쓰면 틀리나요?"

문제 풀기는 내가 어느 부분을 놓치고 있는지 살펴보고 채워 가는 과정 중의 하나일 뿐인데 '몇 점'이라는 결과에 갇혀 있거나, 여러 방향으로 생각할 수 있는 문제를 놓고도 정해진 답만을 좇는 경우가 있어 안타깝습니다.

그래서 저는 스스로 배움의 과정을 퇴고할 수 있고, 모범 답안이 정해져 있지 않은 글쓰기가 좋습니다. 아이들도 글쓰기를 할 때면 자신이 몇 점인지 묻지 않습니다. 점수에 대한 불안은 사라지고 주제를 고민하고 생각을 다듬는 데 집중합니다. 문장을 쓸 때는 읽는 이가 이해하기 쉽도록 구조를 고려합니다. 완성한 글을 서로 읽어 보며 각자의 생각을 존중하고 새로운 시선을 배웁니다.

사실 말이나 글로 표현하기 위해서는 많이 읽고 생각해야 합니다. 아이들에게도 읽은 만큼 쓸 수 있다고 이야기해 주고 다음과 같이 배움 활동을 진행했습니다.

1. 우리말 사용과 관련한 여러 기사·영상 충분히 읽고 보기

2. 교과서에 개요를 짠 후 검사받기

3. 통과하면 교과서에 초안 쓰기

4. 초안 검사받고 통과하면 글쓰기

아이들이 읽은 기사와 영상은 10개 정도였습니다. 자료를 넉넉히 제시한 것은 기본적으로 어휘력을 키우고, 다양한 방향에서 글의 주제를 고민해 보게 하려는 의도였습니다. 외계어 남발·신조어·한국어 열풍 등을 다룬 글을 읽으며 한글에 대한 여러 시각을 알고 확장하는 공부였습니다.

어려워하면서도 집중해 자료를 읽고, 읽은 내용들을 바탕으로 나만의 주제를 정해 개요를 짰습니다. 글 쓰는 모습을 보며 많이 성장했음을 저도 느끼고 아이들도 느꼈습니다.

교실에서 꾸준히 이뤄지고 있는 '온책읽기'의 마지막 활동도 결국 글쓰기입니다. 지금 읽고 있는 《돼지를 키운 채식주의자》는 어린이용 도서가 아니지만, 같이 읽으며 충분히 이해하고 공감할 수 있을 뿐 아니라 육식 중심의 식생활을 넘어 동물권을 고민해 보게 하기에 선정했습니다. 이 책이 다른 청소년 도서나 성인 도서에 이르는 좋은 징검다리가 되어 주기를 기대합

니다.

　문해력이 필요한 어휘가 있어 아침 시간과 국어 시간, 또는 틈이 생길 때 한 챕터씩 소리 내어 함께 읽은 후 저와 아이들이 직접 내용 및 평가 질문을 만들었습니다. 그리고 유의미한 질문을 5~7개 정도 뽑아 과제로 냈습니다. 어휘력을 키우고 글의 내용을 파악하며 의미를 새겨보는 가운데 양돈 산업을 다룬 영상으로 동물권에 대해 생각해 보고요. 국어과의 '근거가 있는 글쓰기' '고쳐쓰기' 단원과 연결해 글의 개요를 짜고 1000자 원고지에 글을 썼습니다. 서론, 본론, 결론으로 나누고 퇴고하는 과정을 거쳤습니다.

　예슬이는 인간에게 쓸 신약의 안정성을 검사하기 위해 동물에게 강제로 약을 주입하는 현실을 안타까워하며 동물권을 보장해야 한다고 이야기했습니다. 정후는 인간이 잠깐의 호기심과 짧은 애정으로 반려동물을 쉽게 입양하고 버리지 못하게 해야 한다고 주장합니다. 찬서는 인간이 돼지의 자연적인 임신 과정을 빼앗고 더 짧은 기간에 더 많은 돼지를 얻기 위해 인공 수정 하는 것을 멈춰야 한다고 했습니다. 승민이는 돼지를 키우는 환경이 효율성보다 자유를 중요시하는 곳이어야 한다고 합니다. 동물도 하나의 생명으로 존중받아야 함을 깨닫고 이를

돼지의 임신을 지켜주자

혹시 . 돼지를 먹는 음식말고, 하나의 생명으로
생각해 본적 있는가? 우리가 자주 먹는 돼지는 불
쌍하게 현실을 마주하고 있다. 그중에 돼지의 출
산 라정은 달라 하기가 현도 좋고 수도 새끼를 힘들게 낳
는다. 그렇기 머문에 지우리들도 돼지의 출산라정를
지켜쥐야 한다.

서론

돼지의 출산라정을 지키커줘야 하는 이유는 다음과
같다. 첫째, 돼지의 인공수정이다. 인공수정이란 간
단히 말하자면 강제임신이라고 도 말할수 있다. 원
래는 임신을 수컷과 암컷이 만나서 임신을 하시
만, 돼지는 인공수정 대문에 수컷의 정지가 아닌
통통된 깅가를 깅제로 깅자를 넣는깃이라서 돼지
의 건강마셔 보면 좋지않는 행동인것이 분명하다.
돼지의 아리한 임신방법은 묘에러면 돼지의 암컷
가 수깃을 자연적으로 물을할수있도록 도와줘야
한다. 공정취운

둘째, 돼지토은 1번때 3마리를 낳지 못하면
도메된다. 보통 돼지는 1마미 2.5마리를 낳는다. 그
렇기라 축사픠 돼지들은 인공수깅을 해서 25마리를
낳지못하면 돼지의 생은 끝나는 깃이다. 대한민국
에 산줄은 되지않는다 라 한다. 이렇게 끝
나는 돼지의 삶이 불쌍하지도 많는가? 우리가
다른 사람보다 더 편거 더 빨리 돼지를 구해줘
야 한다.

셋째, 인간은 돼지에게서의 출레를 빼았는다. 출
레는 임신분에 팔사고인 수고도 날수었다. 아끼 건
인간토은 임신상태의 필수로 긴을 빼았고 냄등된
깅 가편을 동체 몸살을 사건다. 이 행위는 돼지에
서 정말 큰 스도레스를 받게하는 행위다자 정적으로
임신을 시건는 것이 정말 좋다고 생각한다,

본론

이렇게 돼지는 인공수정을 통해 출레를 빼았고
1번에 25마리를 낳지 못하면 도태된다. 여런쓰 로
도 돼지는 하나지 생명이 아닌 임신판을 하고
사는 기계라고 불수었다. 우런 이렇게 사는 돼지
의 삶을 토 출산라건을 지켜줘야 한다.

결론

실천하는 여러 가지 방법을 고민하는 시간이었습니다.

《예루살렘의 아이히만》에서 한나 아렌트는 '악의 평범성'에 대해 언급하는데요. 제2차 세계대전의 1급 전범 아이히만은 나치 이념의 기계가 되어 수많은 유대인을 죽음으로 내몰았습니다. 그에게 도덕적 판단은 존재하지 않았고, 그는 죽을 때까지 자신의 죄를 인정하지 않았지요. 생각하는 데 무능했기에 사유없는 삶을 살았던 것입니다.

오늘 아이들은 책을 읽고 글 쓰는 과정을 어려워했지만, 그 덕분에 생각을 키울 수 있었습니다. 생각이 반영된 글로 얻은 가치와 지혜는 삶에 투영됩니다. 누군가 정해 놓은 삶의 경로, 목적에 수렴되기보다 자신을 성찰하며 나의 길을 만들고 확장하게 됩니다. 결국 사유하는 힘을 길러 주체적으로 살아가며 모두를 이롭게 하겠지요.

공장식 사육

방목 사육

6월 3일

○

내가 사장이다:
되돌아보기

안녕하세요? '내가 사장이다' 활동 보고서를 읽으며 아이들에게 감명받았습니다. 각자 자신의 활동을 객관적으로 평가하고 어떻게 발전시킬지 고민하며 교사인 저도 생각지 못한 부분을 찾아내서 놀랐습니다. 적지 않은 투자금을 지출한 아이들이 있어 걱정스럽기도 했는데 운영 후 스스로 반성하고 창업 전략을 수정하더군요. '역시 겪어 봐야 아는구나' 하고 새삼 깨달았습니다.

어제 6교시에 보고서를 작성하기 전, 팀끼리 모여 점심을 먹으며 보고서 작성 방향을 함께 구상했습니다. 창업 전 계획과 실제 운영 과정을 되돌아보는 시간이었습니다. 그 항목은 다음과 같습니다.

창업 전

나의 사업명, 창업 아이템 소개, 기대했던 매출

창업 운영과 평가

①나의 판매 전략(안내문, 홍보, 할인, 끼워팔기, 1+1 등)

②매출이 많거나 적은 이유 분석

③투자금과 매출 관계에 대한 평가

④초등학생을 대상으로 한 좋은 창업 아이템에 대한 고민

⑤본 활동에서 흥미로웠던 점, 어려웠던 점, 아쉬운 점 등

⑥창업 활동에 대한 발전적 고민(아이템 변경, 판매 전략 등)

쉬는 시간에는 지난 활동을 담은 사진과 동영상을 공유해 다시 한 번 기억을 떠올려 보도록 했습니다. 경험과 생각이 풍부하니 다들 진지하게 글쓰기에 임했습니다. 매장 위치의 중요성, 매출액과 투자금의 낮은 관계성 등 미처 보지 못했던 부분을 아이들의 활동 보고서, 아니 사업 보고서를 읽으며 알게 되었습니다. 그 깊은 배움에 벅차오릅니다.

매장 위치가 사업에 영향을 줬다는 민성이와 송이

사전 시장 조사가 필요하다는 재민이와 승건이

다음에는 보고서 내용을 참고해서 더 발전시키겠다는 은교

판매하는 물건 아래 가격을 써서 고객이 바로 확인하도록 하겠다는 혜민이

친구들이 너무 안 사 가서 판매 품목을 바꾸겠다는 하진이와 예성이

투자금을 너무 많이 써서 다음번엔 투자금을 적게 써야겠다는 예린이

친구들의 시선을 끌어 판매를 높이는 전략을 썼다던 주훈이

친구들의 고민 해결이 어려웠다던 승민이

판매 전략으로 홍보와 싼 가격을 내세웠다던 예슬이

돈에 대한 사람의 욕심은 끝이 없다던 태연이

초등학생을 대상으로 유행하는 물건을 파는 게 좋은 사업 아이템이 될 것 같다는 찬서

상품 진열의 중요성을 생각한 지혜

생각보다 매출액이 적어서 혼란이 왔다는 유나

매출에 투자금의 영향이 크지 않았다는 규보

아이들이 좋아할 만한 것을 팔지 않아 매출이 적었다는 라온이

"내가 사장이다" 활동보고서

6학년 3반 (   )

창업 전: 나의 사업명, 창업 아이템 소개, 기대했던 매출
창업 중, 후: 매출에 대한 분석
    ①나의 판매전략(안내문, 홍보, 할인, 끼워팔기, 1+1 등)
    ②매출이 많거나 적은 것에 대한 이유 분석
    ③투자금과 매출에 대한 생각
    ④초등학생을 대상으로 한 좋은 창업 아이템에 대한 생각
    ⑤본 활동에 대한 흥미로웠던 점, 어려웠던 점, 아쉬운 점 등
    ⑥창업 활동에 대한 발전적 고민(아이템 변경, 판매전략 등)

나의 창업명은 신세계 잡상점이다. 이유는 신세계 백화점 처럼 물건이 많많고 잡다한 물건이 많았기 때문이다. 창업아이템중엔 큐브, 공구, 제임 체험 등이 있었다. 기대했던 매출은 50~60원 정도이며 이유는 그렇게 많이 까지는 않 팔린다 생각해서이다.

① 나의 판매전략은 솔직히 큐브의 존형이였다 그러다 전략이 바뀌였는데 바꿈전략은 너프건 다트로 솔직히 많이 안 올 것 같아 상품을 후하게 집는데 너프건 다트가 많이 팔리니 가격은 적당하게 맞춘후 대박이 킬릴 걸을 염려해 상품 제공 수 량을 줄였다. 그리고 총알 쏘는 횟수를 늘리는 시스템까지 추가하여 K-초등학생의 자리를 끌어올리는 효과를 냈다 그리고 동업자가 홍보를 랭이 해주었다 ^^

② 매출이 생각보다 많은 이유는 너프건 다트가 한 몫했기 때문이

아닐가 한다. 위에 전략이 잘 먹혀들에 가서 너프건 다트가
성공한 것 같고 동업자의 홍보효과도 있는 것 같다.

투자금 없이 큰 매출을 기록하며 크게 문제 되는 생각은 없다
너프건 다트나 가차 같은 것이 좋다고 생각된다 너프건 다트
같은 사격게임은 좋게임 종류를 주로 하는 사람들에게 좋은 것
같고 가차같은 운게임도 어린이에게 인기가 많고 음식은 자극
적인 것이 어린이의 마음을 파고든 것 같다.

흥미로운 것은 주로 음식이 잘 팔린 것이고 아쉬운점은 닫은 마켓인
데 새것를 사서 제조해서 파는 경우가 많아 아쉬웠고 어려
운 점은 후반부에 음식점들이 독점을 해서 매출을 올리기 어려웠
다는 점 등등이 있던 것 같다.

창업 활동의 방향을 게임(사격, 가챠)으로 돌려야 되는 고민이 든다
바꾸면 큐브타겟층이 타격을 입으니 고민이다

사업 전 사전 홍보를 해야겠다는 정후

다른 사업 아이템을 고민해 보고 판매 전략을 바꾸겠다는 준성이

이번 활동 주제가 생각보다 어렵지 않았으며 다음에는 나 자신을 믿고 더 잘할 수 있을 것 같다는 호성이

다음엔 알바를 써서 홍보하겠다는 민주

요즘 트렌드에 대한 분석과 순이익이 중요하다는 주희

방문 판매 전략을 쓰겠다는 정수

혼자 사업해서 너무 힘들고 외로웠기에 다음에는 공동 창업을 하겠다는 도현

이 활동을 하면서 자신이 사업에 소질이 있음을 알았다는 나영이

친구들 취향을 파악해야겠다는 지원이

아이들의 창업 아이템 종류가 제한적이었다고 지적한 우민

아이들이 쓴 보고서를 모으니 한 권의 책이 되었습니다. 다 같이 보고 틈틈이 고민할 수 있도록 교실 책장에 비치하겠습니다.

그리고 오늘 하교 전 각 사업에서 우수한 점을 보여 준 운영

자들을 위한 시상식이 있었습니다. 아름다운 의미를 담아 사업 명을 짓고 기발한 상품을 기획한 달보드레 팀(태연, 송이, 지혜, 예슬)은 아이디어상을, 운영 사업을 객관적으로 깊이 있게 평가한 삼총사 디저트랜드(호성, 규호, 재민)는 되돌아보기 우수상을, 라면과 떡볶이를 위생적으로 조리하고 판매한 카우라면(정후, 주훈, 민준, 규보)과 눈엣가시 음식점(나영, 예린, 윤아, 지원)은 식품위생상을, 빛나는 판매 전략으로 고객의 구매를 촉진한 금쪽이네(하진, 혜민, 주희, 민주)는 우수판촉상을 받았습니다. 매출 3위상은 다트사격장(예성), 2위상은 큐티정수(정수, 승건, 준성), 1위상은 신세계 잡상점 팀(우민, 찬서, 도현, 재건, 승민)에게 돌아갔습니다.

이번 배움과 성취를 바탕으로 앞으로 겪을 많은 일들에 두려움 없이 도전해서 자기 삶의 주인이 되었으면 합니다. 다음 주 월요일은 재량휴업일로 쉬어 갑니다. 다음 주 수요일에 건강한 모습으로 만나길 기다리겠습니다.

6월 7일
○
나는 틀림이 아닌
다름이다

오늘은 보호자께서 우리 아이의 학교생활을 함께할 수 있는 공개 수업이 있었습니다. 많은 분들이 참석해 주셔서 감사했습니다.

수업에서는 아름다움의 의미에 대해 생각하고 나만의 아름다움을 찾아봤습니다. 먼저 몇 가지 질문을 던졌어요.

"여러분은 '아름다움'이라고 하면 무엇이 떠오르나요?"

"예쁨이요."

"연예인이요."

"아름다움은 우리 눈에 보이는 겉모습이라 생각하나요?"

"그런 것 같아요."

"선생님은 어렸을 때 보조개가 있는 사람이 아름답다고 생각했어요. 여기 있는 모두는 선생님의 생각처럼 보조개가 있으면 아름다운 사람이라고 생각하나요?"

"그건 아닌데요."

"그럼 외적인 아름다움은 정해져 있는 것이 아니고, 아름다움에 대한 정의는 사람마다 다를 수 있겠지요?"

이어 아름다움의 의미를 외적인 것에서 내적인 것으로 확장하기 위해 유관순 열사가 독립운동을 하다 수감된 모습과 더러워진 거리를 청소하는 사람들을 담은 사진을 보여 줬습니다.

"사진 속 인물들에게는 어떤 아름다움이 있을까요?"

"독립운동을 할 수 있는 용기요."

"거리를 깨끗하게 해 주는 착한 마음씨요."

"이들의 아름다움은 무엇을 통해 우리에게 전해졌나요?"

"음…."

"이 인물들은 용기와 착한 마음씨를 어떻게 표현해 냈을까요?"

"말과 행동으로요."

"맞습니다. 사람들은 누구나 말과 행동으로 자신의 아름다움을 표현합니다. 선생님은 아름다움이란 그 사람의 말과 행동에서 나오는 향기라고 생각해요. 지금 우리 교실이 여러분 한 명 한 명의 특별한 향기로 가득한 것처럼요. 그럼 우리는 어떤 아름다움, 향기, 강점이 있을까요?"

아이들에게 여러 강점의 예가 쓰여 있는 라벨지를 나눠 줬습니다.

- 관찰력이 뛰어나다.
- 운동을 잘한다.
- 속상해하는 친구를 잘 위로해 준다.
- 성격이 발랄하다.
- 그림을 잘 그린다.
- 잘못한 일을 인정한다.
- 다른 사람을 즐겁게 해 준다.
- 친구의 말을 잘 들어 준다.
- 인사를 잘한다.
- 책을 잘 읽는다.
- 주변 자리 정돈을 잘한다.
- 골고루 잘 먹는다.
- 잘 웃는다.
- 포기하지 않고 끝까지 최선을 다한다.

- 글씨를 바르게 쓴다.
- 바르고 고운 말을 쓴다.
- 물건을 소중히 다룬다.
- 규칙과 질서를 잘 지킨다.
- 주변 사람에게 양보를 잘한다.

이 중에서 내가 생각하는 나의 강점 세 가지를 골라 가슴에 붙였습니다. 그 후 정해진 시간 동안 자리에서 일어나 서로 만나며 내가 친구를 생각했을 때 떠오르는 강점 한 가지를 고르거나 직접 적어 등에 붙여 줬습니다. 보호자들께서도 내 자녀의 강점을 생각하고 빈 라벨지에 적어 붙여 주셨습니다.

서로 강점을 붙여 주는 시간이 끝나고 내가 생각해 온 나의 강점과 친구들이 생각한 나의 강점을 비교하며 내가 놓치고 있던 강점은 없었는지 확인했습니다. 그리고 나에게 붙여진 여러 강점 중 가장 마음에 드는 세 가지를 골라 나를 표현하는 문장을 만들었습니다.

호성이는 잘 웃고 다른 사람의 말을 잘 들어 주며 공부를 잘한다고 합니다. 정훈이는 운동을 잘하고, 잘못을 인정하는 모습이 멋지다네요. 또 속상해하는 친구를 잘 위로해 준다고 합니다. 규은이는 인사를 잘하고 크고 또렷한 목소리로 발표하며 친구들을 잘 돕는다고 합니다. 이렇듯 나를 표현하는 문장 속에서 나만의 특별함을 만납니다. 우리는 각자의 강점을 들으며 아름다움의 향기를 맡았습니다.

"우리가 함께 지낸 지 세 달이 지났네요. 긴 시간은 아니었지만, 선생님도 이 수업을 준비하며 여러분 한 명 한 명을 떠올려 봤어요. 그리고 여러분에게 어떤 아름다움이 있는지를 생각하며 상장을 만들었습니다."

"우와!"

"선생님이 여러분을 제대로 알고 있는지 잘 모르겠네요. 상장을 받으며 한번 확인해 보세요. 이름을 부르면 한 사람씩 나와 상을 받아 주세요."

모든 줄넘기 방법에 통달한 주훈이는 '줄넘기왕'상을, 깊은 생각으로 다른 사람에게 깨달음을 주는 태연이는 '사려 깊음'상을 받았습니다. 밝은 성격으로 친구들에게 즐거움을 주는 준서는 '함께 있어 즐거운 친구'상을, 국어 교과서 속 글의 맛을 재미있게 살려 읽어 주는 강현이는 '또박또박 잘 읽어'상을 받았습니다. 친구를 잘 돕고 항상 양보하는 준성이와 주희는 '아름다운 마음'상을, 뛰어난 유연성으로 친구들을 놀라게 했던 채윤이는 '몸이 유연해'상을 받았습니다.

각자의 이름이 불리고 앞으로 나올 때는 조금 수줍어하는 듯했지만 나만의 상을 받아 가는 뒷모습은 뿌듯해 보입니다. 또 친구들이 어떤 상을 받을지 초롱초롱한 눈빛으로 궁금해하고 상 이름과 친구가 어울리는지 판단해 보네요.

"오! 맞아, 채윤이 유연해. 채윤이 림보 진짜 잘하는데!"

준서는 상을 받고 들어가며 말합니다.

"나 작년에도 이런 상 받았었는데!"

역시 사람 보는 눈은 다 비슷한가 봅니다. 모두가 나만의 특별한 상을 받은 후 말을 이었습니다.

"모두 다른 상을 받았듯 여러분에게 틀림은 없어요. 다를 뿐입니다. 선생님은 여러분 개개인의 다름을 존중하겠습니다. 또 모든 것에 완벽할 필요는 없습니다. 선생님은 여러분이 '나만의 아름다움'을 발전시키고 누구와도 비교할 수 없는 '완전한 나'로 살아가기를 바랍니다. 완전한 나의 삶을 응원하며, 오늘 수업을 마칩니다."

부디 아이들이 자신만의 아름다운 향기를 잃지 않았으면 합니다.

수업 후, 아이들이 보호자께 전하는 편지와 아이들 사진이 담긴 영상을 상영했습니다. 보호자님 몰래 준비한 영상이었는데요. 보호자들께서 감동 어린 눈빛으로 아이와 손을 잡고 서로 어깨를 끌어안은 채 미소 지으며 감상하시는 모습이 참 따듯했습니다. 영상이 끝나고 헤어지기 아쉬운 마음들이 엿보여 말을 건넸지요.

"저희는 이제 급식 시간이 다 되어 점심을 먹으러 가야 합니다. 보호자님, 아이들과 헤어지기 너무 아쉬우시죠? 아이들 조퇴시킬까요?"

"네. 선생님, 저희 조퇴시켜 주세요."

"엄마 따라 집에 갈래요."

집에 빨리 가고 싶은 아이들과 달리 많은 보호자께서 당황한 미소로 손을 내저으시며 교실을 황급히 나가시네요. 이렇게 수업의 마지막과 헤어짐의 아쉬움은 유쾌함으로 마무리되었습니다. 바쁘신 중에도 참석하셔서 아이에게 의미 있는 시간을 만들어 주신 보호자께 다시 한 번 감사의 인사를 전합니다. 모두의 향기로 가득한 저녁 시간 보내시길 바랍니다.

6월 15일

○

보호자의 고민:
아이가 수업 시간에
방해가 되는 말을 해요

공개 수업이 끝나고 보호자들께서 참관록에 적어 주신 글에 많은 힘을 얻었습니다.

"아이들과 소통하시는 모습이 보기 좋았습니다."

"정성스러운 마음 가득 담긴 상장 수여식 인상적이었습니다."

미소 지으며 보호자님들의 흔적을 살피다 고민도 보게 되었는데요.

"아이가 수업 시간에 방해가 되는 말을 해서 걱정입니다."

그날 수업 상황을 되짚어 봅니다. 걱정하시는 일은 신사임당의 아름다움을 찾는 활동 중에 일어났었지요.

"어! 돈이요. 5만 원에 그려져 있어요."

주제와 어울리지 않음을 알고 있었을 텐데 다른 사람에게 들리도록 이야기하는 모습에 걱정이 되신 모양이었습니다. 저도 곰곰이 생각해 봤어요.

'신사임당을 보고 떠오른 그대로 이야기했겠지. 떠오르는 생각을 이야기하는 건 자연스러운 과정인데 무엇이 잘못된 것일까?'

사실 아이들 각각의 경험과 생각은 워낙 다양해 중심을 잘 잡지 않으면 이야기가 우주처럼 넓어지기 일쑤입니다. 수업이 걷잡을 수 없이 삼천포로 빠질 수 있지요. 하지만 지나친 생각의 확산이 염려된 나머지 경직된 분위기를 조성하는 것도 문제입니다. 유연한 사고를 하기 어렵고 말하기를 주저하게 되니까요.

얼마 전 교실에서 각자 키우는 식물을 돌보는 시간에 준서가 질문하더군요.

"그런데요, 왜 강낭콩은 씨를 하나 심었는데 열매는 많아요?"

"글쎄 왜일까?"

"새가 먹을 수도 있어서요?"

준서의 질문에 함께 지혜를 모아 보기를 바라며 반 아이들을 향해 물어봅니다.

"그럴 수 있지. 그럼, 강낭콩이 자라면서 생길 수 있는 여러 위험에 대해 생각해 볼까요?"

"가뭄으로 꼬투리가 익기 전에 말라요."

"비가 많이 와서 땅에 떨어진 강낭콩이 썩었어요."

"강낭콩이 땅에 떨어지지 않고 돌 위에 떨어졌어요."

"동물이 주워 먹었어요."

"바람에 줄기가 꺾여요."

생각이 꼬리에 꼬리를 물고 상상력이 더해진 대답들이 오고 갑니다.

"맞아요, 강낭콩 씨앗 하나가 온전히 땅속에 들어가 싹이 트고 잎과 줄기가 자라며 꽃이 피고 열매를 맺어 영글기까지는 많은 위험이 있어요. 우리가 수확한 강낭콩은 수많은 위험을 헤쳐 온 셈이지요. 여러 개의 꼬투리가 열리고 많은 강낭콩이 나는 이유는 위험으로부터 살아남을 확률을 높이기 위해서예요. 여러분이 말한 위험들을 피해 가고 이겨 내야만 다시 강낭콩이 될 수 있습니다.

여러분 또한 많은 위험을 극복해 왔어요. 우리 어머니의 배속에서 태아가 되고 세상 밖으로 나와 지금 이렇게 건강히 자라기까지 여러 어려움을 넘어온 대단한 존재입니다. 그런 의미에서 여러분은 또 다른 강낭콩이에요."

"네?"

"여러분은 누구를 닮았나요?"

"엄마요."

"전 할아버지와 닮았대요."

"여러분 '플라톤'이라는 사람 아나요?"

"아! 플라톤! 학원 이름에서 봤어요."

"플라톤은 2000여 년 전 그리스의 철학자예요."

"우와! 2000년 전이요?"

"그가 말하길, 우리가 육체적으로 영원히 살아남는 방법은 자식 즉, 자손을 낳아 세상에 남기는 거랍니다. 내가 죽어도 자손의 몸속에 나의 DNA가 남아 있으니 육체적으로 살아 있다고 할 수 있는 거예요. 그래서 우리는 또 다른 강낭콩입니다."

"그런데 선생님, 플라톤의 자손은 아직도 살아 있나요?"

"글쎄요. 그것까지 선생님이 확인할 수는 없네요. 아! 플라톤이 말한 영원히 사는 방법이 하나 더 있어요! 그걸 한다면 자손이 있든 없든 영원히 사는 것과 같아요."

"오, 뭔데요?"

"바로 내 생각이 담긴 책을 후대에 남기는 거예요. 영혼을 영원히 살 수 있게 하는 방법이지요. 무려 2000년 전에 살았던 플라톤이라는 사람의 생각을 책을 통해 알 수 있고 우리가 그를 기억하고 있으니 플라톤의 정신은 영원히 살고 있다고 할 수 있겠지요? 여러분도 플라톤처럼 생각을 넓고 깊게 키운다면 오랫동안 사람들의 기억에 남을 수 있어요."

강낭콩을 하나 심었는데 왜 많은 수의 강낭콩이 열리는지에 대한 물음은 식물이 자연의 위험에서 생존해 대를 잇기 위한 방법임을 알게 하고, 인간은 어떻게 대를 잇고 있는가에 대해서도 알게 합니다. 생각지 못한 질문과 대답을 주고받으며 전개된 새로운 이야기 속에서 아이들의 호기심 어린 눈빛을 봅니다.

"강낭콩에서 시작해 인간, 그리고 플라톤까지 꽤 먼 길을 왔네요. 수업 시간에 우리가 나누는 이야기는 어떤 내용으로 채워질지 예상하기 어렵습니다. 하지만 이때 우리가 주고받는 말들은 어떤 말이어야 할까요?"

"음…."

"수업 시간은 어떤 시간인가요?"

"공부 시간이에요."

"맞습니다. 수업 시간은 공부하는 시간이지요. 공부를 한다는 건 무언가 배우고 있다는 거고요. 이 시간에 나누는 말은 어떠해야 할까요?"

"공부하는 말이요."

"배우는 말이요."

"여러분 대답처럼 우리가 수업 시간에 주고받는 말은 다른 사람을 웃기거나 내가 주목받기 위한 것이 아니라 배움을 일으킬 수 있는 질문과 이야기여야 합니다. 말과 행동에는 무엇이 담겨 있다고 했었나요?"

"의도요."

"맞아요. 수업 시간은 배우는 시간이기 때문에 배우려는 의도가 담긴 말이 오고 가야 합니다. 오늘 강낭콩의 한살이에서 플라톤까지 오며 배움의 문답을 주고받았듯, 앞으로도 서로에게 의미 있는 말들로 수업 시간이 가득했으면 합니다."

유연한 분위기에서 말을 하다 보면 지난 공개 수업 때처럼 배움과는 거리가 먼 이야기를 하는 경우가 있습니다. 그때 중요한 것은 자연스럽게 떠오르는 생각 중에서 나와 다른 사람 모두를 배움으로 이끌 수 있는 생각만 걸러 내는 것입니다. 내가 하는 모든 말을 조심하기보다 말의 적중률을 높이는 연습이 필요합니다.

　마음이 무거우실 어머님께 전화를 걸었습니다. 아이에게 책임질 수 있는 말과 행동을 해야 한다고 말씀해 주셨다 하시더군요. 아직 어린 나이이기 때문에 언행에 대한 책임 의식이 생각보다 크지 않아 와닿지 않을 수 있다고 말씀드렸습니다. 또 걱정보다는 이미 사고가 유연하게 이뤄지고 있음에 초점을 맞추고 배움을 일으킬 수 있는 생각을 정제해 표현하는 연습을 한다면 더 빛나는 아이가 될 것이라고 전했습니다. 어머님의 우려와는 달리 기발하고 신선한 생각들로 저와 친구들을 놀라게 할 때도 많았거든요.

　어머님과 통화를 마치고 나니 무거웠던 저의 마음도 한결 가볍습니다. 지금처럼 아이들이 자라는 과정에서 함께 고민하고 실천해 갔으면 합니다.

7월 11일

○

자기 성장 보고서

안녕하세요? 오랜만에 인사드립니다. 어느새 시간이 이렇게도 빨리 지나 1학기 마무리를 앞두고 있습니다. 그래서 오늘은 3월부터 현재까지 배운 활동을 갈무리했습니다.

그동안 찍은 배움 활동 사진과 동영상을 함께 보며 미소 짓습니다.

"아! 저거 진짜 재미있었는데!"

"주훈이 표정 봐! 완전 웃기다!"

"수학여행 또 가고 싶다."

역시 사진은 장기 기억을 도와주는 좋은 장치입니다. 기억의 저편에 묻혀 있었던 지난 일들이 생각나네요. 아이들의 모습을 기록으로 남겨 둔 보람이 있습니다.

사진과 동영상을 본 뒤에는 월별 배움 활동을 정리하고 1학기 '자기 성장 보고서'를 써 봤습니다. 아이들이 영상을 감상할 때는 매우 즐거워 보였는데 보고서를 써야 한다니 힘들어하더군요. 그래도 전 개의치 않고 구체적으로 적어야 한다고 다독여 봅니다.

이 글을 읽고 계신 보호자께서도 우리 아이가 어떤 내용으로 썼을지 함께 생각해 주세요.

각 문항은 자기 주도 역량, 학업 수행 역량, 공동체 기여 역량을 지표 삼아 설계했습니다.

- 자기 주도 역량(스스로 결정, 나의 인생)
- 학업 수행 역량(배움에 대한 호기심, 끈기 있는 배움)
- 공동체 기여 역량(혼자가 아닌 같이하는 삶)

도현이는 여러 활동 중 발표가 어려웠다고 합니다. 부끄러움을 많이 타서 자발적으로 나서는 것을 좋아하지 않는다고 하네요. 하지만 연습을 해서 외향적인 성향도 가질 수 있도록 노력하고 언젠가는 반장 선거에 나가 보겠다고 합니다. 정수와 지혜도 스스로 나섰다가 실수하거나 실패해서 친구들이 실망의

눈으로 쳐다볼까 두려운 마음에 주저하게 된다는데요. 그래도 앞으로 새로운 것에 용감하게 도전하는 대담한 마음을 지닌 사람이 되어 보겠다고 이야기했습니다.

승건이는 책에 흥미가 많지 않아 《수상한 진흙》을 읽고 활동하는 것이 힘들었지만, 감상문을 쓰며 얻은 성취감에 뿌듯했다고 합니다. 그리고 '내가 사장이다' 활동에서 우리 반의 가상화폐를 가지고 경제 활동을 하니 자신이 진짜 사장이 된 것 같아 가장 즐거웠다고 하네요. 태연이 또한 친구들과 열심히 준비한 물건을 사고팔던 '내가 사장이다'가 제일 재미있었지만 눈에 띄지 않는 자리, 자극적이지 않은 음식 때문에 많이 팔지 못해 속상했다고 합니다. 내 생각과 조사한 자료를 정리해 논설문을 쓰는 활동도 즐거웠는데, 생각이 잘 나지 않을 때는 어려웠다고 했습니다.

6월에 전학을 온 재민이는 친구들이 친절하게 대해 주고 잘 지내자고 말해 줘서 고마웠다고 썼습니다. 2학기에도 친구들과 행복하게 지내겠다고 하네요. 주희는 이번 학기 동안 친구와의 관계를 더 깊이 들여다보게 되었다고 합니다. 모두 사춘기라 그런지 다툼이 종종 있었지만 화해하며 오히려 사이가 더욱 돈독해졌고, 또 친구와 다투게 된다면 왜 그랬을지 곰곰이

2023학년도 1학기
나의 성장 보고서

6학년 3반 이름 (   )

2023학년도 1학기를 되돌아보며 즐거웠던 추억은 무엇인가요?

체육했던 일이 좋다 왜냐하면 친구들과 재미있게 3교시동안 보내다 보니 약간 다툼이 일어났는데 화해 하고 나니 애인 여행은 친구들끼리 사이가 성숙하다는 것과 사이간에서 더 조심하다 해다는 것을 알게 되어가 또 고고장를 돌려보고 체험 했던 것이 제일 즐거웠다.

나는 어떤 배움의 활동이 즐거웠으며, 어렵거나 힘들었나요?
가장 기억에 남는 활동에 대해 까닭과 함께 써봅시다.

나는 사정아다 준비 과정이 즐거웠고 독시 활동이 어렵고 힘들다 나는 사정아다 준비 과정이 즐거웠던 이유는 친구들과 같이 사업을 일고 그런 된 것을 만드니까 재밌고 즐거웠기 이고 독시 활동이 어렵고 힘든 이유 처음을 꿈꿈이 여러번 다 읽어봐도 금방 금방 까먹으니까 힘들다 전에에 책 여러니까는 좀 어려웠기 어려워서 역사 다 어려 가장 기억에 남는 것 같다

나는 배움의 활동에서 자발적으로 나섰나요? (과제, 발표, 모둠활동 등)
자발적으로 나서지 못했다면 그 이유는 무엇인가요?

자발적으로 잘 하기 결했지만 신문 과제를 했을때 자발적으로 못했던 것 같다 왜냐하면 신문을 읽을라 이해를 못하는 것이 있는데 그래서 나 생각을 발표 못 쓰는 거 같고 다이의 뜻을 찾고 내가 모둠 자리 에게에 내 생각을 쓰게 귀찮아서 다른 쓸 때가 없었다 그 점이 자발적으로 나서지 못 했긴 같다

친구들, 선생님 등 타인과의 어울림은 즐거웠나요? 나는 타인에게 배려와 베풀기를 잘 하는 사람인가요?
구체적인 사례를 들어 써 봅시다.

나는 다른 사람을 위해 배려를 잘 하긴 같다 젤은 먼저 양보 하려고 다른 사람이 꺼려 하고 싫어서 먼저 하게 하려고 언제까이야기 이 사람이 피곤할이 할머니 를 먼저 닫게 해줬다 이것말고 깨 아까자를 베밀고 바위 탄 거 같다 친구들과의 어울림 은 즐거울 때도 있고 또 좋을 다도. 많아서 좋겠 인것 같다

위 문항에 대답하는 글을 쓰며 든 생각과
나에게 응원하는 마음을 담아 2학기 나의 성장 목표를 써 봅시다.

2학기 에는 내 행동과 말을 조심하게 다툼이 저도록 노력 할것 이고 나도 친구들포 그렇게 하려으면 좋겠다고 여기 할 것 이다 또 방탕만 신문을 이해 할 수 있도록 공부 할 것 이면 여러가지 활동을 해서 더 성장 하고 싶다 2학기 에 나는 지금보다 더 말들을 생각이 깊은 더욱 성장 했으면 좋겠다

생각해 보겠다고 했습니다.

지원이는 동생들과 함께 산책하기가 힘들었다고 이야기했습니다. 지난봄, 저학년 동생과 짝을 지어 산책하며 풀과 꽃으로 화관과 팔찌를 만들어 주는 활동이 있었는데요. 체력이 좋은 동생들이 계속 뛰어다녀 만들어 준 팔찌가 없어지거나 끊어지는 바람에 다시 만드는 것도, 대화를 나누는 것도 어색했답니다. 하지만 생각보다 동생들이 잘 따라 줬고, 활동 후 학교에서 우연히 마주칠 때마다 반갑게 인사하는 귀여운 모습을 보며 배려를 새겼다 합니다.

아이들이 쓴 보고서에서 하루가 다르게 생각이 깊어지고 성장해 가는 모습이 보여 참 기특했어요. 이런 시간들이 쌓이며 사회에서 각자의 역할을 멋지게 해내는 어른이 되리라 기대합니다.

금요일에 과정 중심 평가가 담긴 생활 통지표와 함께 아이들의 1학기 자기 성장 보고서를 보내드리려 합니다. 저는 생활 통지표의 항목별 성취 단계보다 아이들 각자가 자신을 돌아보고 평가한 자기 성장 보고서가 훨씬 가치 있다고 생각합니다. 스스로 생각하며 얻은 배움이 아이들을 '자신이 주인공인 삶'으로 이끌 것이기 때문입니다.

모두 배움을 즐기고 한 단계 성숙했기를 바랍니다. 가정에서도 아이들이 이룬 배움에 많은 독려 보내 주시길 부탁드립니다. 아이들과 만들어 갈 2학기가 더욱 기대되네요.

변덕스러운 비가 많이 오는 요즘입니다. 운전 조심하세요.

7월 19일
○
1학기 마지막 날과
방학의 시작

3월 2일 새로운 출발을 하며 긴장과 어색함, 설렘을 느꼈던 날이 어제 같은데 벌써 1학기 마지막 날이 되었네요. 그동안 학교를 믿고 자녀를 맡겨 주시고 든든히 지원해 주셔서 모두 즐겁고 의미 있는 한 학기를 보냈습니다.

아이들의 성장을 보며 가정에서도 학교 이야기를 많이 나눠 주셨음을 알 수 있었습니다. 교실에서 이런저런 이야기를 주고받을 때면 아이들의 눈에서 신뢰하는 마음을 읽곤 했지요. 감사합니다.

오늘 출근길에 들었던 한 강연에서 '기억'의 반대말을 알게 되었는데요. 그건 바로 '상상'이라고 합니다. 기억은 과거를 담는 것이고 상상은 미래를 담는 것이라 하네요. 이 말처럼 아이들은 오늘의 기억을 발판 삼아 상상을 펼쳐 자신의 미래를 만들 것입니다.

저는 아이들이 길을 만들어 가는 데 도움을 줄 수 있도록 방학 동안 많이 고민하고 성찰하겠습니다. 우리 아이들도 방학 동안 좋은 책을 많이 읽어 생각을 확장할 수 있길 바랍니다. 그리고 무엇보다 건강하게 잘 지냈으면 합니다.

8월 3일

○

방학 중 인사

안녕하세요? 모두 더운 여름 잘 지내시나요? 7월에는 비가 자주 내려 걱정이었는데 비가 그치고 나니 날씨가 너무 무더워져 걱정입니다.

이번 주에는 휴가를 떠난 사람들이 많네요. 우리 아이들도 즐거운 여름 추억을 만들길 바랍니다.

전 방학 중에 이런저런 생각을 충분히 하고자 노력하고 있습니다. 지난해 5학년, 그리고 올해 6학년을 연이어 맡으며 학급당 학생 수가 22명에서 29명으로 늘어나 답답해하는 모습들을 많이 봤습니다. 안 그래도 체격이 커졌는데 교실 공간까지 빽빽해 쉬는 시간이면 복도에 나가 목적 없이 헤매고 소리 지르고 뛰어다니더라고요. 아이들에게 주의를 주면서도 한편으로는 안타깝고 미안했습니다.

　여러 고민 끝에 2학기부터는 교실에서 신발을 벗고 생활하려 합니다. 복도에 나가기보다는 교실에서 친구들과 바닥에 앉아 놀고 누워 쉬며 편안한 시간을 보냈으면 좋겠습니다. 결심하고 나서는 며칠 동안 교실을 정리했어요. 바닥에 있는 얼룩들을 제거하고 열심히 걸레질을 했습니다. 화분도 방학을 잘 보낼 수 있도록 돌보고요.

　2학기 개학 날 덧신을 준비해 놓겠습니다.

　어느덧 방학의 절반이 지났네요. 아이들에게 이야기했던 가장 큰 방학 숙제인 건강을 잘 지키고 있겠지요? 남은 방학도 아무 탈 없이 보내기를 바랍니다.

8월 14일

○

개학을 앞두고

이틀 뒤면 개학입니다.

무더운 날씨에 가정에서 아이들 돌보시느라 고생 많으셨습니다. 오늘 저는 마지막으로 교실을 정리하고 돌아왔습니다.

8월 16일 수요일에는 오랜만에 옹기종기 모여 앉아 놀이도 하고 방학 때 어떻게 지냈는지 이야기하며 2학기를 시작하려 합니다. 가정에서 즐겨 하던 보드게임을 잠시 가져와 친구들과 즐거운 시간을 보내도 좋겠습니다.

등교 후 스마트폰은 꺼내지 않습니다.

덧신은 모두 등교하고 나서 발 크기를 확인한 다음 나눠 주려 합니다. 신발장 총 4줄 중 위에서부터 1~2번째 줄에는 신발을 넣은 주머니를, 3~4번째 줄에는 실내화를 놓고 맨발로 교실에 들어옵니다. 교실 문 앞에서부터는 실내화를 벗고 들어올 수 있도록 복도에 노란색 테이프로 맨발 구역을 그려 놓겠습니다.

수요일에 건강한 모습, 반가운 얼굴들 기다리겠습니다.

8월 30일

○

나만 즐거운 학교는
괜찮은가?

안녕하세요? 이번 주는 아이들과 함께 써클을 만들어 대화를 나누며 시작했습니다.

주제는 '나만 즐거운 학교는 괜찮은가?'였는데요. 학년 초 어색함 속에서 친구를 탐색하며 서로 알아 가던 때와 달리 이제는 나와 성향이 맞는 몇몇과 깊은 관계를 맺고 있습니다.

나는 나와 친밀한 친구와의 관계 속에서 안정감과 즐거움을 느끼며 생활합니다. 하지만 누군가는 친구와의 관계 속에서 상처를 입기도 하고 교류하고 싶은 친구 주변을 배회하며 기회를 살피기도 합니다.

아이들에게 어려운 일일 수 있습니다만, 내가 중심인 친구 관계에서 주변 사람도 살피는 관계로 확장하는 것이 필요합니다. 교실에서 즐겁지 않은 사람이 있다면 그건 내가 속한 공동체에 좋지 않은 일이며 결국 나의 즐거움도 앗아 갈 수 있기 때문이지요. 그래서 나만의 즐거움을 좇다가 주변 친구에게 상처를 주지는 않았는지, 나와 친해지고 싶어 하는 친구는 없는지, 도움이 필요한 친구는 없는지 등 내가 속한 공동체를 둘러보도록 노력해야 합니다.

아이들에게 물었습니다.

"나만 즐거운 학교는 괜찮을까요?"

대부분 '왜 그게 문제인가' 하는 표정이네요. 그런데 괜찮다고 대답하기엔 뭔가 찔리는 게 있는 모양입니다. 표정은 괜찮아 보이는데 아니라고 대답하는 것을 보니 말입니다. 몇몇은 자신의 감정을 있는 그대로 말하기도 합니다.

"괜찮은데요."

"저는 상관없을 것 같아요."

제가 다시 물어봅니다.

"그렇다면 '나만 즐거운 학교는 괜찮은지'에서 '나'가 선생님이라면 어떨까요?"

아이들 표정이 갑자기 굳어지네요.

"선생님만 즐거운 학교라면 아마 그 교실의 선생님은 독재

자일 거예요."

"그 선생님은 학습지만 엄청 풀게 하는 선생님일 거예요."

오직 1명, 혜민이를 제외하고는 모두 옳지 못하다고 했는데요. 괜찮다고 대답한 혜민이도 좋은 의미에서 그렇게 말한 게 아니었습니다.

"애들이 다 이상해서 선생님이 괴로운 상태라면 선생님이라도 즐거워야 하지 않을까요? 전 그런 상황이라면 괜찮습니다."

"선생님도 우리 교실의 구성원 중 한 사람이니 선생님과 여러분 1명이 가지는 가치는 같습니다. 선생님만 즐거운 교실이라면 정말 불행한 일입니다. 또 우리 반 친구 중 즐겁지 않은 친구가 있다면 그 역시 불행한 일이겠지요. 우리는 서로가 교실에서 즐겁게 잘 지내고 있는지 살펴야 하지 않을까요?

눈이 나쁘고 싶어 나쁜 친구는 없듯이, 누구도 자신의 외모와 성격을 선택해서 태어나지 않았습니다. 타고난 면을 가지고 친구를 차별하거나 탓하는 것은 옳지 않아요. 나만 즐거운 학교가 아니라 우리 공동체가 즐거운 학교가 될 수 있도록 주변을 더 살피고 배려했으면 좋겠습니다."

아이들이 얼마나 깊이 깨달았을지는 앞으로 생활하며 경험해 봐야겠지요. 더 함께하고 부딪히는 과정에서 다듬어 나가야 할 것입니다. 29명의 아이가 생활하는 교실이기에 모든 갈등 상황을 지켜보기는 어렵겠지만, 선생님으로서 아이들의 마음과 행동을 지혜롭게 읽어 내도록 노력하겠습니다. 그리고 아이들 한 명 한 명이 올바른 어른으로 자랄 수 있게 온 마음으로 돕겠습니다.

보호자들께도 부탁드립니다. 아이들이 바르게 성장할 수 있도록 학교에서 있었던 일에 대해 자주 이야기 나눠 주시고 충분히 공감해 주세요. 좋은 일이든 좋지 않은 일이든 저와도 공유해 주시면 더욱 좋겠습니다.

최근 보호자와 선생님의 관계에 모두의 이목이 쏠리고 있습니다. 저는 사적으로는 두 아이의 보호자로서, 공적으로는 선생님으로서 양쪽의 입장과 마음을 헤아리고자 합니다.

학생, 교사, 보호자를 '교육 3주체'라 하지요. 주체라 함은 서비스를 제공하거나 제공받는 사람이 아닌 소속된 단체의 주가 되는 사람을 뜻합니다. 교육의 세 주인공이 서로 활발히 이야기하고 같이 한 방향으로 나아가는 '모두가 즐거운 학교'를 꿈꿔 봅니다.

추신

얼마 전 읽은 〈시사IN〉 기사를 첨부합니다.

보호자와 교사를 편 가르기 하는 일부 기사와 달리, 구조적인 차원에서 현재의 실태와 해결 방안을 심도 있게 분석하고 있어 추천합니다.

교사와 보호자 간
소통에 필요한 것

9월 6일

○

꿈≠직업

오늘은 우리 아이들과 많은 관련이 있을 미래에 대해 이야기하고자 합니다.

미국 출신 방송인으로 널리 알려진 타일러 라쉬는 《두 번째 지구는 없다》에서 '꿈이 무엇인지 물으면 직업이나 사회적으로 성공한 사람들의 이름을 말해야 한다고 여기는 현상이 일어나고 있다'고 이야기하는데요. 저도 그와 비슷한 경험을 많이 해왔고 하고 있습니다. 많은 아이가 꿈을 주제로 한 대화에서 '의사' '수의사' '대기업 회사원' '경찰'과 같은 직업을 자신의 꿈으로 대답합니다.

하지만 우리는 자녀의 꿈을 직업에 가두지 말아야 합니다. 만약 자녀의 꿈이 경찰관이라고 하면 왜 하고 싶은지 되물어야 합니다. 정의를 실현하기 위해서라고 대답한다면 자녀의 꿈은 경찰관이 아니라 정의 실현일 것입니다. 우리는 다시 자녀에게 묻습니다. 어떻게 하면 정의를 실현할 수 있는지요. 보호자님의 물음에 자녀는 고민하고 꿈을 실현할 수 있는 방법을 탐색할 것입니다. 정의를 실현하기 위해 철학, 법, 과학 기술 등을 공부할 수 있습니다. 이는 자연스럽게 다른 직업과 연결되겠지요. 자신의 꿈을 위해 철학자, 변호사, AI 전문가가 될 수도 있는 것입니다.

반 아이들에게도 말합니다.

"직업이 아닌 꿈을 좇으며 살아가야 합니다."

"꿈과 직업은 같지 않으며, 직업은 우리의 꿈을 실현하는 방법의 하나일 뿐입니다."

"여러분이 꿈꾸는 세상은 무엇인지 생각해 보고 그것을 이룰 방법을 찾으세요."

그리고 스스로를 되돌아보며 말을 잇습니다.

"선생님은 교사라는 직업을 가지고 있고, 우리 사회를 좀 더 나은 사회로 만들겠다는 꿈이 있어요. 여러분이 올바른 사회 구성원으로 성장하도록 돕는 일을 하고 있으니 이 직업을 통해 꿈을 실현하는 중이고 행복한 사람입니다."

저녁에는 아이들과 내 삶에서 가장 우선하는 가치를 시작으로 나의 꿈을 이야기하며 미래를 논하는 시간을 가져 보시면 좋겠습니다. 그리고 2학기 '우리 아이 이야기'에서 이에 대한 깊은 대화를 나눌 수 있길 바랍니다.

'우리 아이 이야기'는 9월 18일부터 27일까지 이뤄질 예정이며, 자세한 안내는 추후 공지하고 신청을 받겠습니다. 오늘도 긴 글 읽어 주셔서 감사합니다.

9월 17일

○

두 번째
우리 아이 이야기

안녕하세요? 내일부터 다음 주 수요일까지 '우리 아이 이야기'가 진행됩니다. 신청하신 보호자님과 해당 시간에 뵙도록 하겠습니다. 언제든 자리는 열려 있습니다. 이번 정기 만남에 함께하지 못한 보호자께서도 추후 사전 연락 및 약속을 통해 뵐 수 있으면 좋겠습니다.

저는 우리 반 아이 한 명 한 명의 보호자님과 공동으로 육아를 하고 있다고 생각합니다. 아이의 올바른 성장을 위한 보호자님과의 의미 있는 만남을 늘 기다리겠습니다.

아침저녁으로 부쩍 쌀쌀해졌습니다. 계절의 변화를 몸소 느끼며 아이들과 마무리 지을 때가 다가오고 있음을 알게 되네요. 시간이 얼마 남지 않았지만 지금까지 해 왔던 것처럼 의미 있는 배움이 이뤄지도록 노력하겠습니다.

'우리 아이 이야기' 후에는 이번 만남에서 보호자님과 함께 나눈 주제에 대해 정리한 글로 인사드리겠습니다. 즐거운 한 주 보내세요.

10월 27일

○

보호자의 고민:
아이가 평균 이상을 하면
좋겠어요

오늘은 두 번째 만남에서 많은 보호자님이 말씀해 주신 아이의 미래에 대한 불안과 관련해 이야기 나누려 합니다.

  "아이가 평균 이상은 했으면 좋겠어요."

  "자식이 나보다 더 나은 삶을 살았으면 하는 게 보호자 마음 이잖아요."

  저는 평균에 집중합니다. 보호자께서 말씀하시는 평균이 실제로 존재하는지 말입니다. 그게 아니라면 다수가 존재하지 않는 허상을 좇으며 삶을 허비하고 있는 것이 아닐까요? 과연 사람을 평균의 개념으로 측정하는 것이 가능한 일일까요?

우리 교실만 보더라도 송이는 상상력이 풍부하고 계획을 잘 세웁니다. 지난 '내가 사장이다' 활동에서 아무도 생각해 내지 못한 아이스크림 와플을 팔아 대박을 터뜨렸습니다. 도대체 교실에서 냉장고 없이 어떻게 아이스크림을 보관할 생각을 했을까요? 남들이 쉽게 팔지 않을 아이템을 떠올리고 실행에 옮기는 과정이 대단했습니다. 모두가 궁금해하며 행사 날을 기대했고, 집에서 자그마한 아이스박스를 가지고 와 장사를 하던 송이의 모습에 다들 놀라지 않을 수 없었습니다.

한편, 찬서와 규보는 친절함이 돋보이는 아이입니다. 가끔 기분 좋을 때 생색내기로 친절을 베푸는 것이 아닙니다. 다른 사람을 배려하기 위해 궂은일을 마다하지 않습니다. 찬서는 항상 주변에 도움이 필요한 친구가 있다면 아무도 모르게 다가가 자세히 알려 주고 혼자 해낼 수 있도록 충분히 기다리며 북돋아 줍니다. 규보는 제가 재활용 쓰레기를 정리할 때면 어느새 다가와 웃는 얼굴로 손을 내밀어 도와줍니다.

또 예슬이와 태연이는 손재주가 좋아 사부작사부작 무엇이든 잘 만들고 뜨개질도 잘합니다. 저보다 훨씬 능숙한 솜씨에 아이들은 이 둘을 "선생님"이라고 부르며 도움을 청하곤 했습니다. 우민이는 지식에 대한 호기심이 많아 AI 수준으로 우리의 궁금증에 답해 줍니다. 특히 비행기에 관련된 지식은 타의 추종을 불허합니다. 승민이는 둥글둥글한 성격에 타인과 관계를 잘 맺습니다. 떠올렸을 때 기분이 좋은 친구가 바로 승민이지요. 만약 승민이가 무언가를 파는 가게를 한다면 첫 번째 단골손님이 되겠다는 제 말에 아이들도 웃으며 고개를 끄덕였습니다.

이렇게 각자 타고난 성향과 능력이 다른데 어찌 이 아이들을 동일한 잣대로 평가할 수 있을까요?

우리는 4차 산업 혁명의 시대를 살아가고 있습니다. 이 시대에서는 더 이상 정해진 지식을 얼마나 많이 암기하고 있느냐가 중요하지 않습니다. 자신이 지닌 역량을 발전시키고 발휘하며 새로운 것을 창조해 낼 수 있느냐가 더 중요합니다. 그래서 우리는 자녀의 '개개인성'을 존중하고 그에 맞는 길을 찾도록 도와야 합니다.

《평균의 종말》을 쓴 미국의 교육신경과학 전문가 토드 로즈는 우리가 '평균 이상이 되려는 목적이 무엇인지는 생각하지 않은 채, 평균 이하로 평가받아서는 안 된다는 강박에 내몰리고 있다'고 지적합니다. 또 우리 모두가 다른 모든 사람들처럼 되되 더 뛰어나려고 기를 쓴다고 하지요. 그 때문에 우리의 독자성은 짐이거나 장애물, 아니면 후회하게 될 한눈팔기쯤으로 전락해버렸습니다.

우리는 자녀에게 많은 영향을 끼칠 어른으로서 아이들이 자기 안의 빛나는 보석을 발견할 수 있도록 지지하고 지켜 줄 의무가 있습니다. 각자의 특별하고 소중한 개개인성을 무시한 채 존재하지 않는 평균의 허상을 좇지 않도록 말입니다.

이제 아이들과의 시간이 9주밖에 남지 않았네요. 아쉽지만 더 멋진 성장을 위해 떠날 아이들을 축복하며 보내 줘야겠습니다. 3월 첫 만남을 시작으로 몸도 마음도 건강히 잘 자라 준 아이들에게 고맙습니다. 아이다운 맑은 마음을 보여 주고 때로는 어른처럼 선생님을 걱정하며 "선생님 힘내세요" 하고 다독여 줘서 고맙습니다.

저는 아이들과 눈을 마주치며 함께 미소 짓는 순간이 가장 행복하더라고요. 서로 좋아하는 마음을 확인할 수 있는 이 순간이 참 좋습니다. 주말 동안 가정에서도 그런 순간이 가득하기를 바랍니다.

10월 29일
○
최고의
나로 살기

안녕하세요? 지난 이야기에서 '평균 이상의 삶'과 관련한 고민을 나눴습니다. 그 후 저는 교실에서 자신의 특별함을 찾고 발전시키는 방법을 어떻게 알려 줄 수 있을지 생각했는데요. 토드 로즈와 오기 오가스의 책 《다크호스》에서 아이디어를 얻어 '최고의 나'를 찾아가기 위한 수업을 진행했습니다.

표준화 시대가 저물어 가는 지금, 우리는 개인 맞춤형 시대에 살고 있습니다. 유튜브, 넷플릭스에 접속했을 때의 첫 화면을 떠올려 보세요. 첫 화면이 모두 다를 텐데요. 각자 주로 찾는 이야기가 AI에 의해 수집되고 이에 맞춤한 영상이 추천되기 때문입니다. 화장품 브랜드가 5000종이 넘을 만큼 창업도 쉽습니다. 대다수가 한두 가지 일을 평생 직업으로 삼지 않고 은퇴할 때까지 12번 이상 일자리를 옮길 것이라고 하네요.

《다크호스》에서는 우리가 '다크호스'가 되어야 한다고 말합니다. 다크호스는 아무도 기대하지 않았던 말이 우승했을 때 사용하는 단어입니다. '어두운' '잘 알려지지 않은'이라는 뜻을 가진 다크dark에 호스horse가 붙은 것이지요. 전혀 예상치 못했던 사람이 자신만의 능력을 잘 발휘할 때 다크호스라고 부르곤 합니다.

책은 다크호스의 예로 사회에서 요구하는 성공 방식보다 개인화된 성공을 추구한 사람들을 소개합니다. 그리고 '세계 최고의 나'가 아닌 '최고의 나'를 찾는 법을 안내합니다. 수업에서는 버클리 음대 교수인 수잔 로저스와 뉴욕의 정리 전문가 코린 벨록의 삶을 살펴봤습니다. 그들이 겪은 삶의 과정(공부에 흥미, 대/소도시 출생, 음악에 취미, 고등학교 중퇴, 외국 유학, 백악관 정치 담당직 등)을 낱말 카드로 만들어 나눠 주고 모둠별로 그들의 성장 이야기를 추측해 봤습니다.

수잔 로저스의 경우 많은 모둠에서 그녀가 음악을 전공했을 거라고 예상했지만 실제로는 전혀 달랐습니다. 그녀는 어려운 가정 환경에서 미래가 없는 삶을 살고 있었는데, 우연히 유명 가수의 콘서트에 다녀온 후 음향 엔지니어가 되고 싶다고 생각합니다. 목표를 이루기 위한 기회를 엿보려고 음반 회사의 경리로 취직하지요. 그녀가 잊지 않았던 것은 '자신에게 집중하기' '좋아하는 것 찾기', 그리고 '꾸준히 기회 탐색하기'였습니다.

코린 벨록의 삶도 아이들의 예측과는 꽤 달라 무척 흥미로웠습니다. 코린 벨록은 사회적으로 명망 높은 위치에 있었지만 더 성공할 수 있는 기회를 버리고 스스로에게 열중합니다. 본인이 좋아하는 봉사와 잘하는 정리를 연결 지어 정리 전문가가 됩니다. 사회적으로 가치 있게 여겨지는 것과 개인이 느끼는 충족감은 다르다는 점을 확인할 수 있는 사례였습니다.

두 사람의 이야기를 통해 아이들과 약속합니다. 남과 비교하고 타인에게 인정받는 삶보다 내가 주인공인 삶을 살기로요. 또 개인의 우수성은 한 가지로 정하거나 평가할 수 없음을 깨닫습니다. 남이 좋다고 하는 것보다 내가 좋아하는 것을 찾습니다. 먼 목표보다는 가까운 목표를 구체적으로 세우고 실천합니다. 시행착오를 겪을 수 있지만 그것을 바탕으로 나의 장점을 찾습니다. 주어진 것 안에서 고르기보다 나의 선택을 만들어 갑니다. 그 길은 일직선으로 곧은길이 아니라 구불구불한 길이 될 것입니다.

'최고의 나'를 찾아가기로 약속하며 박노해 시인의 시 〈잘못

들어선 길은 없다)를 함께 읽고 수업을 마무리 지었습니다.

　　길을 잘못 들어섰다고
　　슬퍼하지 마라 포기하지 마라
　　삶에서 잘못 들어선 길이란 없으니
　　온 하늘이 새의 길이듯
　　삶이 온통 사람의 길이니

　　모든 새로운 길이란
　　잘못 들어선 발길에서 찾아졌으니
　　때로 잘못 들어선 어둠 속에서
　　끝내 자신의 빛나는 길 하나
　　캄캄한 어둠만큼 밝아오는 것이니

무한대의 가능성을 가진 우리 아이들을 응원합니다.

10월 31일

○

말의 씨앗과
관계의 기다림

10월의 마지막 날 인사드립니다. 한동안 교실 이야기가 뜸했네요. 보호자 상담, 중학교 진학 준비 등으로 바쁘다는 핑계도 있었고 6학년 생활을 마무리하는 시점이라 조금 지쳐 글 쓸 힘이 부족했던 것 같습니다. 아이들과의 일상 중 그냥 흘려보내기 아쉬운 순간들이나 '보호자님들과 이런 이야기 하면 좋겠다'는 주제가 생각날 때가 많았는데 다시 마음을 잡아야겠습니다.

　지난주 제가 다른 일정으로 학교를 비운 사이에 여러 일들이 있었는데요. 아이들이니까 있을 수 있는 일이기도 하면서 아이들이라 염려스러운 일이기도 했습니다. 그래서 월요일 아침, '말의 씨앗'과 '기다림'에 대해 이야기했어요.

말이라는 것은 씨앗과 같다.

그 씨앗은 좋은 향과 맛이 나는 열매를 맺는 꽃이 될 수도

나를 옥죄는 가시덩굴이 될 수도 있다.

내가 뿌린 말의 씨앗이 뒤에 어떤 결과로 돌아올지 생각하며

주변 사람들과 관계 맺기를 바란다.

타인과의 관계 맺기는 기다림이다.

SNS의 '좋아요' 버튼처럼 즉각적으로 나타나지 않는다.

실제로 교류하며 내가 좋은 사람임을 증명해야 한다.

신뢰는 상대방을 꾸준히 배려하고 기다려 주는 가운데 피어

난다.

선생님이 너희에게 신뢰받기 위해 꾸준히 노력하며 기다리

는 것처럼, 너희도 친구에게 신뢰받기 위해 꾸준히 노력하며

기다렸으면 좋겠다.

지금의 인류를 '포노 사피엔스(스마트폰이 낳은 신인류)'라고 하

지요? 더군다나 우리 아이들은 태어나면서부터 스마트폰과 함

께 인생을 시작했으니 현실 세계와 스마트폰 속 세계를 구분하

며 균형 있게 생활하기가 때로는 힘들고 혼란스러울 것입니다.

아이들이 현실 세계에서 타인과 건강한 관계를 맺고 유지하는 힘을 기를 수 있도록 학교와 가정에서 더욱 관심을 기울이고 도와야 하는 이유입니다.

오늘은 어제 제게 잔뜩 주의받느라 긴장했던 마음도 풀고 미술 수업도 할 겸 산책을 했습니다. 지난주 예성이가 솔방울로 재미있는 놀잇감을 만들어 와서 미술 시간에 다 같이 만들어 보기로 했거든요. 가을 풍경을 천천히 바라보며 정취를 느끼는 가운데 솔방울을 찾고 주웠습니다. 친구들과 일상 이야기를 주고받고 까르르 웃으며 편안한 시간을 가졌습니다.

산책할 때면 교실에서는 듣지 못할 이야기를 많이 듣고 아이들과 한층 가까워집니다. 아이들이 요즘 공부의 피로를 많이 호소하더라고요. 학업과 관련해 보호자님과 갈등을 겪었다고 이야기하는 친구도 제법 있었습니다. 슬기롭게 자녀와 충분히 이야기 나누시고 보호자의 목표가 아닌 공동의 목표를 세우며 자녀를 돕는 조력자로서 함께 한 방향으로 나아가시길 바랍니다. 감수성이 예민해지고 보호자보다 또래가 중요해지는 나이니만큼 자녀와의 관계를 해치지 않으시길 바랍니다. 물론 저도 가정에서 실천하기 무척 어려운 일입니다만 아이가 보호자와의 관계를 단절시키면 보호자로서 아이에게 바랐던 아주 작은 기대도 표현할 수 없게 됩니다.

아이가 어렸을 때는 "엄마(아빠)한테 혼났어요"라고 하지만, 주체성을 띠면서 표현이 달라집니다.

"엄마(아빠)랑 싸웠어요."

자녀가 "엄마(아빠)랑 싸웠어요"라고 말한다면, 이제는 자녀를 동등한 관계에 있는 사람으로 존중해 줘야 할 시기임을 꼭 기억해 주세요.

아이들에게 말의 씨앗과 기다림에 대해 말했지만 우리 어른들도 벗어날 수 없는 이야기네요. 오늘 이 글로 보호자들께 잔소리를 늘어놓았다는 생각도 듭니다. 어쩌면 제가 산책길에서 아이들에게 들었던 목소리를 대변하고 있는 것일지도 모르겠습니다.

아이들과 찍은 산책길 사진과 가져온 자연물로 놀잇감 만드는 모습을 담은 동영상 첨부합니다. 놀잇감으로 재미있는 놀이도 했는데 아쉽게도 손이 부족해 찍지 못했습니다. 아이들 모두 그동안 쌓인 스트레스를 조금이나마 해소했기를 바랍니다.

겨울

•

뿌리
내리기

옷장 속 두터운 외투를 꺼내 입으며 한 해를 마무리하는 때가 다가옴을 느낍니다. 가정에서 간단한 요리를 직접 만들 만큼 독립적인 생활이 가능해지는 6학년 아이들은 교실에서도 그동안 갈고닦은 배움을 스스로 실천합니다. 교사의 큰 도움 없이 책을 읽고 자신의 관점을 정리해 글을 쓰는 모습, 어떤 가치를 우선해야 하는지 살펴보는 모습, 다른 사람과의 갈등을 줄이고 협력하는 모습에서 성숙을 확인합니다.

능숙함과 여유 뒤에는 고되고 지난한 시간이 있기에 아이들이 지쳐 포기하지 않도록 다독입니다. 그리고 방향을 잃지 않게 우리가 함께 가고자 하는 그곳에 서서 기다립니다. 아이들을 따듯한 시선으로 바라보며 꾸준함, 성찰, 배려, 용기, 연대의 가치를 삶에 새기도록 이끕니다.

한편 6학년 때 생겨나는 감정의 소용돌이는 더욱 커져 본격적인 사춘기로 이어지는데요. 공부를 왜 해야 하는지 궁금해하기도 하고 자신의 인생을 고민하기도 합니다. 이유 없이 집에 들어가기가 싫어집니다. 선생님과 보호자의 말이 지나친 간섭으로 들리며, 또래와의 관계가 가장 중요해집니다. 이성에 관심이 생기고 외모를 가꾸는 데 열중하기도 합니다. 보호자들은 이런 자녀를 어르고 달래다 격한 갈등이 일어날 때면 화를 내거나 낙담합니다.

하지만 사춘기를 보내는 아이들도 혼란스럽습니다. 친구들이나 보호자와 겪는 갈등이 힘들고 언제까지 이런 감정이 계속될지 답답합니다.

교사의 역할은 아이들에게 이 과정이 자립하는 삶을 위한 과업임을 안내하는 것입니다. 인생에 대한 고민은 나에 대한 탐색이고, 보호자와의 갈등은 일방적으로 도움을 받는 관계에서 협력 관계로 바뀐다는 의미라고 알려 줍니다. 또래 및 이성과 건강한 관계를 맺을 수 있도록 평등의 가치를 강조합니다. 아이돌의 화려한 모습에서 왜곡된 미의 기준과 소비를 강요하는 이면을 보게 함으로써 대중문화를 바르게 인식할 수 있도록 합니다.

중학교 입학을 앞두고 불안이 엄습할 수 있습니다. 3월, 새 학년이 시작될 때 느꼈던 마음이지요. 불안은 알지 못하는 데서 기인합니다. 일곱 살 아이들이 유치원 졸업 전 인근 초등학교에 방문해 학교를 둘러보는 것처럼, 6학년 아이들에게도 중학교에 대해 알아보는 시간이 필요합니다. 본교를 졸업한 선배와 대화하거나 근처 중학교에 가 보는 등 다양한 방식으로 중학 생활을 준비할 수 있겠습니다. 매해 긴장 속에서 시작했지만 한편으로는 기대하며 즐겁게 배우고 자라 왔습니다. 그렇기에 한 해의 배움을 정리하고 변화를 당연한 과정으로 받아들이며 긍정적으로 바라보는 것이 중요합니다.

교사에게도 되돌아보는 시간이 필요합니다. 아이들이 속상했던 기억만 늘어놓아 한 해를 찝찝하고 실망스럽게 정리할 듯해 주저할 수 있지만, 아이들은 누구보다 선생님과의 추억을 소중하게 간직하고 싶어 합니다. 또 6학년은 어떤 학년의 아이들보다 높은 공감 능력을 지녔기에 선생님의 고충을 잘 알고 있습니다. 지난 1년을 한번 되돌아보자고 요청하면, 아이들은 자신의 성장을 확인하는 한편 '감사합니다' '죄송해요' '잊지 못할 것 같아요' 등으로 마음을 표현합니다. 선생님에게 서운했던 일을 털어놓으며 매우 솔직하게 감정을 이야기할 때도 있지만 원망보다 위로를 받고 싶은 마음임을 우리는 누구보다 잘 압니다.

응답을 마친 후 아이들에게 "한 해 열심히 삶을 채워 줘서 고맙습니다" 하고 말합니다. 속상한 일에 대해서는 "여러분의 마음을 더 이해하지 못해 미안합니다. 선생님도 완벽한 사람이 아니기에 표현하는 데 서툴고 어리석습니다. 다만 선생님이 엄하게 대한 부분이 있다면 우리의 가치보다 나의 가치를 더 앞세웠던 때라는 것을 잊지 말아 주세요" 사과하며 속이 깊어지기를 바랍니다.

아이들과의 만남을 준비하는 데 있어 가장 중요한 것은 끝없는 배움이라고 생각합니다. 저는 월 2회 퇴근 후 동료 교사와 함께하는 정기 독서 모임을 통해 배움으로 삶을 채우고 있습니다. 교실에서 지향하는 가치를 바로 세울 수 있도록 다양한 분야에 관심을 갖고 책을 읽습니다.

독서 모임을 한 지도 7년이 되었습니다. 덕분에 세상을 좀 더 세심하게 볼 수 있는 힘이 생겼습니다. 과거에는 그냥 지나쳤을 아이들, 보호자와의 대화 속에 숨어 있는 의미가 보입니다. 교사의 시선으로 그들이 보지 못한 관점을 제시하고 도움을 주며 교육 전문가로서 자신감을 얻습니다.

무엇보다 제 삶에 있어 '연대'라는 가치를 얻었습니다. 뿌듯했던 일을 자랑하고, 속상했던 일을 공유하며 성찰하고 반성하는 동료와의 시간이 저를 의미 있는 가치로 삶을 채우는 배움으로 이끕니다. 오늘도 같은 곳을 보며 묵묵히 걸어가는 동료가 있기에 지치지 않고 더 나은 선생님이 되기를 꿈꿉니다.

11월 10일

○

와일드후드

안녕하세요? 역시나 이번 주에도 교실에서 많은 일이 있었습니다. 많은 일이 있었다는 건 그만큼 아이들이 더 성숙해졌음을 뜻합니다.

6학년 시기에는 친구와 주고받는 언어나 신체 유희가 섬세해집니다. 매일 아침 평소와 다름없이 나눴던 인사가 어색해지기도 하고, 쉬는 시간이면 늘 내게 팔짱을 끼던 친구가 어느 날부터 다른 친구에게 관심을 갖는 모습에 서운해지기도 하지요. 미묘한 관계를 읽지 못하면 소통하기가 쉽지 않습니다. 그러다 속상한 일이 많아지면 오해가 쌓여 화가 납니다.

교실에서는 즐거운 순간도 많지만 여러 가지 갈등도 일어나지요. 갈등 속에서 자신을 되돌아보며 때로는 용기 있게 사과하고, 때로는 넓은 마음으로 용서합니다. 이때 중요한 것은 사과와 용서의 주체가 아이들이라는 점입니다.

가정에서 자녀의 학교생활을 전해 듣게 될 때 보호자로서 해야 할 일은 먼저, 자녀의 이야기를 충분히 듣고 공감하는 것입니다.

"친구가 고맙다고 했다니 보람 있었겠구나."

"우리 딸, 그 순간만큼은 많이 서운했겠구나."

자녀가 하나만 알고 둘은 모를 때에는 다른 관점을 제시하고 생각할 시간을 줍니다.

"우리 아들도 속상했겠지만, 그 친구도 그렇지 않았을까?"

"혹시 친구가 너에게 서운했던 일이 있지는 않았을까?"

"일단 흥분된 마음을 누그러뜨리고, 천천히 그때로 돌아가서 네 입장과 친구의 입장에서 생각해 보자."

마지막은 자녀가 상황을 혼자 힘으로 극복할 수 있도록 돕는 것입니다.

"그 친구도 네가 먼저 말 걸어 주기를 기다리고 있을 수도 있어. 용기 내서 손을 내밀어 보면 어떻겠니?"

"친구를 따뜻한 시선으로 바라보면서 한 걸음씩 다시 가까워질 수 있게 노력하자."

물론 전해 듣기에 위험한 상황이라면 선생님에게 사실 여부를 정확히 확인한 후 지체 없이 개입해야겠지요. 하지만 가장 주의할 점이 있습니다.

그것은 자녀보다 더 감정과 행동을 앞세우는 것입니다. 안타깝게도 보호자께서 자녀의 감정과 행동 앞에 서는 순간, 아이는 스스로 되돌아볼 시간과 상황을 극복하고 성숙해질 기회를 놓치게 됩니다.

기질은 타고나는 것이고 성격은 환경과 나의 상호 작용으로 다듬어져 발현되는 것이라 합니다. 우리 어른들은 아이들이 친구들과 마음껏 상호 작용을 할 수 있도록 주변에 울타리를 칩니다. 그 안에서 아이들은 자신의 좋은 기질을 더 발전시키고 부족한 기질을 다듬거나 채워 나갈 계기를 얻습니다.

청소년기가 오면 걱정이 되기도 하지요. 아이들이 울타리를 넘어서려 주변을 서성이고 심지어 울타리 밖으로 멀리 나가니까요. 어른의 눈에는 이 상황이 위태로워 보입니다.

그러나 우리의 염려와 달리 아이들은 잘 해내고 있습니다. 누구보다 충실히, 열심히 어른이 되기 위해 단련하고 있어요. 《와일드후드》에서는 지구상 모든 동물이 새끼에서 성체가 되는 특정 시기를 '와일드후드'라고 명명하고 안전·지위·성·자립을 청소년기의 과업으로 소개합니다. 청소년은 자신의 안전을 지키기 위해 위험과 마주하고, 사회성을 기르고, 이성과 바르게 소통하며 욕구와 자제 사이에서 적절한 균형을 찾고, 자신과 누군가를 부양하는 연습을 해야 한다는 것입니다. 가정과 학교에서 보이는 아이들의 갈등과 위험한 모습들은 실수와 성공을 거울삼아 기회와 위협을 구분하는 데 필요한 정보를 얻기 위함임을 알 수 있습니다.

보호자께서도 가까운 미래에 자녀가 자신의 힘으로 건강하게 독립하기를 희망하시지요. 독립은 남에게 예속되거나 의존하지 않는다는 의미입니다. 오늘도 아이들은 홀로 서기 위해 시행착오를 겪고 있습니다. 그러면서 더 단단하고 지혜로운 어른이 되고 언젠가는 울타리를 완전히 벗어나 멀리 자신만의 세상을 찾아 떠날 것입니다.

어제 아이들이 상대를 더 이해하려 노력하며 그 누구의 도움 없이 서로 갈등을 회복하는 가운데, 한발 물러서 아이들을 지켜봐 주신 보호자들께 정말 감사했습니다. 그리고 성숙한 태도를 보여 준 아이들에게 고마웠습니다. 하루가 다르게 매일 자라고 있는 아이들의 모습을 함께 나눌 수 있어 행복합니다.

11월 30일

○

여유를
선물할 용기

올해는 일회성이나 단편적인 활동이 아니라 지속적으로 아이
들과 함께할 수 있는 글쓰기와 뜨개질, 직업 활동 등을 해 왔습
니다. 긴 흐름으로 활동하는 아이들을 지켜보며 새삼 느낀 점
이 있습니다.

'아이들은 모두 능숙해지고 잘할 수 있습니다. 다만 우리가
아이들이 능숙해질 때까지 기다려 주지 않았을 뿐.'

3월부터 《긴긴밤》《수상한 진흙》《돼지를 키운 채식주의
자》《5번 레인》을 읽어 왔습니다. 그 과정은 다음과 같습니다.
책을 몇 부분으로 나눠 같이 읽고 함께 만든 질문에 답하며 책
의 내용을 확인하고 공유합니다. 한 권을 다 읽고 나면 우리에
게 어떤 메시지를 주고자 했는지 살펴봅니다. 그리고 책의 메

시지와 관련해 인상 깊게 읽었던 부분을 찾고 인상 깊은 이유를 고민합니다. 비슷한 주제가 담긴 여러 매체(영화, 신문 기사 등)의 내용과 연관 지어 생각을 확장하기도 합니다. 마지막으로는 책의 메시지를 통해 내가 얻게 된 교훈이나 바람을 떠올려 봅니다. 각 과정에서 했던 생각들을 정리하면 한 편의 감상문이 됩니다.

이번 주도 《5번 레인》을 함께 읽고 영화 〈4등〉과 '희망 직업이 없는 학생이 증가하고 있다'는 소식을 다룬 신문 기사를 보며 생각을 넓혔습니다. 신문 기사에 대한 생각을 적는 활동에서 주희가 쓴 문장이 인상적이었습니다.

요즘 아이들은 공부만 하느라 시간이 없다. 그래서 내가 무엇을 잘하는지 알지 못한다.

책을 거듭 읽으면 읽을수록, 생각을 정리하면 정리할수록 아이들의 글에서 매끄러운 흐름과 정제된 표현이 나타납니다. 아이들이 못한다는 판단은 우리가 충분한 시간을 주지 않고 내린 것임을 깨닫습니다.

9월부터 시작한 무지개공 뜨기 활동도 마찬가지입니다. 손에 익기 전까지 대바늘에 실을 꿰었다 풀기를 수없이 반복해 왔습니다. 자꾸 실이 풀리고 엉키는 만큼 아이들 마음도 허탈해지고 힘들어집니다. 어려워서 흥미를 잃은 아이들을 불러 제 주변에 옹기종기 둘러앉게 하고 함께 뜨개질을 합니다.

열심히 하는 호성이를 보고 제가 박수를 치며 크게 칭찬했습니다.

"그렇지! 그렇지! 호성이 너무 잘한다."

그 모습을 보고 나머지 아이들이 모두 서운한 듯 말합니다.

"저희는요?"

"저희도 잘하죠?"

"그럼, 우리 정수 그렇게 하면 돼. 잘한다!"

"승민이가 혼자 겉뜨기 다 했네. 잘했어!"

"민성이가 야무지게 실을 꽉 잡아서 잘하네."

"우민이도 많이 했네. 지금처럼 집게손가락으로 실을 꼭 붙잡고 하면 돼."

"주훈이가 완벽을 추구하는구나! 겉뜨기한 게 틈이 없다."

한 명 한 명 머리를 쓰다듬고 잘한다며 볼도 어루만져 주니 아이들도 기운이 샘솟나 봅니다. 승민이가 말하네요.

"하다 보니까 재밌다. 처음에는 어려웠는데 이제 쉽네."

172

반가운 이야기에 대답합니다.

"그럼! 처음부터 쉬운 게 어디 있겠어? 어려운 것도 참고 계속하다 보면 어느새 익숙해지고 쉬워지지."

지금처럼 아이들이 힘들어할 때면 할 수 있다고 용기를 불어넣어 주려 했지만, 사실 한편으로는 부끄럽게도 아이들을 믿어 주지 못했던 저를 고백합니다.

'완성할 수 있을까?'

'너무 오래 뜨개질만 하고 있는 건 아닐까?'

하지만 아이들의 손놀림이 빨라지고 있는 것은 보지 못했나 봅니다. 얼마간 시간이 지나자 금세 촘촘한 무지개공이 완성되어 가더군요.

우리는 할 수 있는 일을 보고도 무모하다며 도전을 주저하지요. 오늘도 아이들 덕분에 '괜찮다' '할 수 있다'를 배웁니다. 조금은 어설퍼 보이지만 각자의 정성과 노력이 담긴 알록달록 무지개공을 보며 밀려오는 뿌듯함에 저도 아이들도 미소 짓습니다. 특히 도현이는 강아지, 재민이는 태어날 동생을 위한 선물로 열심히 만들었다고 하네요.

아이들을 보채지 않고 기다릴 수 있는 너그러운 어른이길 소망합니다. 우리가 너그러울 때 아이들은 스스로 충분히 고민하고 탐구하며 점점 더 성숙하겠지요. 지금 어른인 우리에게 필요한 것은 아이들에게 여유를 선물할 용기라 하겠습니다.

오늘 저녁에는 보호자님의 서툴렀던 어린 시절 이야기를 아이들에게 들려주시면 어떨까요? 무지개공으로 저와 아이들 사이에 생긴 동지애가 가정에서도 피어날 것입니다. 몸과 마음이 자라느라 힘든 아이들이 보호자께 위로받는 시간이 될 듯해 벌써 마음이 따뜻해집니다.

12월 8일

○

어른의 시간,
아이의 시간

곧 졸업이라는 게 믿기지 않을 만큼 시간이 빠르게 지나갔습니다. 보호자님께서도 그러신가요?

나이에 따라 흐르는 시간의 속도를 인식하는 데 차이가 있다고 합니다. 처음 가는 곳에 오갈 때를 생각해 보지요. 우리는 갈 때보다 다시 돌아올 때 이렇게 말하곤 합니다.

"올 때는 금방이네?"

처음 가는 길은 익숙하지 않습니다. 그래서 우리 뇌는 주변 사물과 지형을 자세히 탐색하며 많은 정보를 처리합니다. 눈은 경로에 있는 바깥 풍경을 연사 기능으로 사진을 찍듯 담습니다. 이런 과정을 겪으며 무사히 목적지에 도착하면, 출발지로 돌아가는 길은 더 이상 낯설지 않습니다. 길을 잃어버릴 위험

또한 많이 줄었지요. 이제 모든 것을 꼼꼼히 살피기보다 중요했던 갈림길, 위험 요소를 기억하며 되돌아갑니다. 뇌는 갈 때와 달리 정보를 띄엄띄엄 처리합니다. 그리고 상대적으로 되돌아올 때 시간이 빠르게 지나갔다고 여깁니다.

우리 아이들이 보내고 있는 청소년기도 가 보지 않은 길을 갈 때와 비슷합니다. 많은 경험이 낯설고 새롭습니다. 그렇기에 매 순간 집중하고 탐구합니다. 아이들이 삶의 장면을 세세하게 기억하는 중요한 시기를 저와 함께 보낸다니 큰 책임감으로 어깨가 무겁습니다.

《경험은 어떻게 유전자에 새겨지는가》를 쓴 데이비드 무어에 따르면 발달에 있어 중요한 것은 유전자가 아니라 '무엇을 선택하며 어떻게 살아가는지'라고 합니다. 유전자는 내 의지와 상관없이 타고난 것이지만 살아가며 나의 선택으로 유전자를 더욱 활성화하거나 무기력하게 만들 수 있습니다. 또 이렇게 다듬어진 유전자는 후대에 전해져 자손에게도 영향을 끼친다 하네요. 교실에서 정신을 더욱 똑바로 차리고 아이들의 삶에 좋은 경험이 가득하도록 만들어야겠다고 다짐하게 됩니다.

어른들도 정보 처리 속도를 높일 수 있습니다. 매 순간 주의를 기울이고 자각하면 됩니다. 물론 오래 지속하기 어렵겠지요.

종일 집중하기에는 피곤하니까요. 하지만 사진과 동영상의 도움을 받을 수 있습니다. 이번 주말에는 사랑하는 가족과 함께 추억 사진을 남겨 보면 어떨까요? 모두의 유전자에 행복이라는 경험이 새겨질 것입니다.

12월 19일

○

배워서 익힘,
학습

안녕하세요? 학년을 마무리하느라 소식 전하기가 쉽지 않네요. 올해 저는 아이들과 생각을 키우는 데 관심을 기울여 왔습니다. 아이들은 괴롭고 힘들다 하지만, 책을 곱씹으며 삶을 글에 비춰 보는 일에 익숙해지고 나날이 생각이 발전하고 있어 기특합니다. 벌써 여러 권의 책을 읽었고 글쓰기 연습을 해 왔습니다. 시간이 얼마 남지 않았으나 졸업할 때까지 책을 읽고 생각을 정리해 한 편의 글로 남기는 활동을 꾸준히 할 계획입니다.

오늘도 번잡했던 아침 시간을 뒤로하고 1교시에 들어가며 말합니다.

"얘들아, 책 읽고 글 쓰자."

아이들이 나지막이 한숨을 쉬네요. 하지만 이제는 가르쳐 주

첫 번째 함께 읽는 책 < 긴긴밤 / 루리 글 >

제 5장. 첫 번째 기억

생각해 볼 질문

1. 어느 순간부터인가 치쿠는 '우리'라는 말을 많이 썼다. 노든은 '우리'라고 불리는 것이 왜 기분 좋았을까?

2. 노든과 치쿠처럼 서로 다른 너와 내가 진정한 '우리'(친구)가 되었다고 생각이 들 때는 언제인가? 내 경험과 그 때의 느낌에 대해 써 보자.

3. 그저 앞을 향해 걷기만 하던 노든과 치쿠에게 목적지가 생겼는데 그 곳은 어디인가? 그 곳을 가야하는 노든과 치쿠 각각의 이유는 무엇인가?

4. 치쿠가 죽어가면서도 노든에게 부탁한 것은 무엇인가? 내가 노든이라면 치쿠와의 약속을 지킬 것 같은가? 지킬 것 같다면 이유는 무엇인가?

5. 이 이야기는 누구에 의해 쓰여지는 것으로 나타나는가? 그것을 증명할 수 있는 문장을 찾아 써 보자.

어느 순간부터인가 치쿠는 '우리'라는 말을 많이 썼다. 노든은 '우리'라고 불리는 것이 왜 기분 좋았을까?

노든은 '우리'라는 말을 들으며 치쿠와 자신이 마치 친구와 같은 존재가 된 것 같아 기쁘고 뿌듯했을 것 같다. 아내와 딸, 암가부을 잃고 공허했던 마음이 '우리'라는 말을 들으며 "치쿠"라는 존재로 각속 채워지는 것 같아 그 말을 계속 듣고 싶었을 것 같다.

노든과 치쿠처럼 서로 다른 너와 내가 진정한 '우리'(친구)가 되었다고 생각이 들 때는 언제인가? 내 경험과 그 때의 느낌에 대해 써 보자.

4학년 때 그럭저럭 친했던 친구가 5학년 때 같은 반이 되었다. 알거나 친한 친구가 없어 외로워하던 나를 보고 그 친구가 다가와 같이 놀아주고, 나를 웃게 해 주었다. 내가 어려울 때 따스한 태양으로 찾아와 준 그 친구와 마주보고 웃으며 "이 친구는 정말 나에게 좋은 친구구나"라고 느꼈다. 그리고 그 친구도 나를 싫어하거나 외면하지 않고 계속 같이 놀아주는 것에서 "평생 얘랑 친구하고 싶다."고 느꼈다. 그리고 나중에 그 아이가 "나랑 친구해줘서 고마워"라고 말했을 때 진정한 '우리'가 되었다고 생각했다. 그때의 기분은... 내 몸이 하늘로 붕 떠오르는 느낌이었다. 내 인생 최고의 순간이었다.

그저 앞을 향해 걷기만 하던 노든과 치쿠에게 목적지가 생겼는데 그 곳은 어디인가? 그 곳을 가야하는 노든과 치쿠 각각의 이유는 무엇인가?

목적지는 "바다"였다. 치쿠가 그 곳을 가야하는 이유는, 간단하다 "펭귄"이니까.

펭귄이라면 먹을 것도 풍족하고 마음껏 수영을 할 수 있는 바다를 추구하는 것이 당연하다. 동물원에서 쓰고 자란 치쿠는 호기심 때문에 더 가고싶어 했을지도 모른다. 노든이 바다로 가야하는 이유는, 딱히 "바다를 위해"라는 말 보다는 "치쿠를 위해"라는 말이 더 어울리는 것 같다. 치쿠를 혼자 보냈다가 하이에나와 표범 같은 동물과 마주친다면 치쿠가 위험해질 것이고, 치쿠와 함께하는 시간이 좋았고 행복했기 때문에 바다에 도착해 치쿠가 여행을 떠나는 모습을 보아야 노든 자신도 흘가분히 그의 길을 갈 수 있을 것 같았기 때문이다.

4. 치쿠가 죽어가면서도 노든에게 부탁한 것은 무엇인가? 내가 노든이라면 약속을 지킬 것 같은가? 지킬 것 같다면 그 이유는?

치쿠가 노든에게 부탁한 것은, 요약해서 말하면 "알을 잘 부탁해"였다. 그리고 새끼 펭귄이 태어나면 그 애를 바다에 데려다준다는 것이었다. 내가 노든이라면 약속을 지킬 것 같다. 그래야 나중에 저승에 가서 치쿠를 만났을 때 떳떳하게 인사할 수 있을 것 같기 때문이다. 만약 약속을 지키지 않는다면, 치쿠를 떳떳하게 대하진 못할 것 같다.

5. 이 이야기는 누구에 의해 쓰여졌는가? 그것을 알 수 있는 문장은?

이 이야기는 삶은 반전이 있을 알아서 대미번 새끼 펭귄으로부터 쓰여졌다고 생각한다. 그 이유는, 알이 서서히 움직이며 새끼 펭귄이 세상으로 나올 때 이 글을 쓴 이가 "그렇게 내가 태어났다."라고 썼기 때문이다.

지 않아도 알아서 집중합니다.

'배워서 익힘'을 '학습'이라고 하는데요. 많은 부분에서 부족했던 선생님이지만 아이들이 능숙하게 책을 읽고 스스로 글 쓰는 모습을 보니 이것만큼은 학습되었다 싶어 뿌듯합니다.

글 쓴 결과는 잘 모아 가정으로 보내드리겠습니다. 오늘 오후부터는 눈이 내린다네요. 퇴근길 조심하세요.

12월 29일

○

중학교가
궁금해요

머지않아 중학교에 가려 하니 학년 초 막연하게 가졌던 불안이
다시 살아납니다.

"선생님, 중학교 가면 선배들 무섭대요."

"벌점은 어떨 때 받아요?"

"공부 너무 어려울 거 같아요."

아이들의 걱정을 덜어 주는 대답을 하기 어려워 고민이 되
던 차에 우리 학교가 초·중 통합학교인 점이 떠올라 이를 활용
하기로 했습니다.

"얘들아, 선생님이 중학교 선생님께 부탁해 볼 테니까 너희
가 궁금한 점을 포스트잇에 써 봐."

- 벌점은 언제 받나요?

- 벌점이 몇 점 쌓이면 선도부에 가나요?

- 화장해도 되나요?

- 시험은 얼마나 준비해야 하나요?

- 교복을 꼭 입어야 하나요?

- 교복 여분은 얼마나 더 사야 할까요?

- 배드민턴부 있나요?

- 선배들 무섭나요?

아이들이 적은 '중학교 생활이 궁금해요' 질문 포스트잇을 모아 중학교에 전했습니다. 제 부탁에 중학교 선생님께서는 흔쾌히 돕겠다며 답장 포스트잇을 보내겠다고 하셨습니다. 그리고 며칠 뒤인 오늘, 선배 중학생 2명이 답장과 함께 우리 교실을 방문했습니다.

"지각하거나 사복을 입는 등 교칙을 어길 때 벌점을 받습니다."

"벌점이 20점이 되면 선도부에 가고 보호자도 오시게 됩니다."

"화장을 심하게 하면 벌점이 있어요. 하고 싶다면 최대한 연하게 하세요."

"선생님께서 정해 주신 시험 범위를 열심히 공부하고 예습, 복습하세요. 아마 초등학교 때보다 더 많이 해야 할 거예요."

"교복은 꼭 입어야 합니다."

"교복을 여분으로 1장씩 더 샀지만, 주말에 세탁해 입으니 굳이 필요 없을 듯해요."

"배드민턴부는 2학년 때 만들어 보세요. 직접 만들 수 있습니다."

"선배들이 기강 잡으면 선생님께 혼납니다. 절대 안 잡아요. 걱정하지 마세요."

기존 질문에 대한 답을 들은 후 추가 질문이 있었습니다.

"초등학교와 비교했을 때 중학교의 좋은 점은 무엇인가요?"

"무엇보다 내가 하고 싶은 활동을 동아리로 해 볼 수 있어 좋습니다. 밴드부처럼요. 그리고 체육 활동도 많습니다."

선배들의 이야기를 들으니 중학교 생활에 대한 불안은 사라지고, 오히려 기대하는 눈빛입니다. 오늘 이 시간으로 더 크고 높은 곳으로 떠날 채비를 단단히 했습니다. 가정에서도 중학교에 가는 것을 걱정하기보다 기대할 수 있도록 좋은 이야기 나눠 주시길 부탁드립니다.

12월 30일

○

아이들의 제안

아이들이 책을 가까이하길 바라는 마음에 저도 교실에서 책을 읽었습니다. 아이들과 함께 읽기도 하고, 평소 읽는 책을 일부러 책상 위에 올려 두기도 했습니다.

"《오디세이아》? 선생님 이렇게 두꺼운 책 읽어요?"

"엄청 두껍지? 선생님도 너무 옛날 책이라 이해가 잘 안 돼. 만약 고구려 시대 사람들이 지금 우리 앞에서 이야기를 주고받는다면 이해가 잘 될까?"

"글쎄요. 아마 쉽지는 않을 것 같아요."

"기원전에 쓴 책이라 글자는 읽히는데 의미를 잘 모르겠어. 이해하기 너무 어려워서 선생님도 요즘 금요일 오후마다 연수에 가서 배워."

책을 통해 새로운 점을 알게 되면 신나서 아이들에게 전해 줬습니다.

"너희 스타벅스에 그려져 있는 여신이 무엇을 뜻하는지 아니?"

"아니요."

"선생님이 요즘 《오디세이아》 읽잖아. 이 책의 주인공 오디세우스가 배를 타고 어떤 바다를 건너는데 그 바다에는 세이렌이라는 괴물이 살거든."

"119 사이렌이요?"

"맞아! 영어 사이렌이 이 책에서 나온 말이래! 그리고 스타벅스의 여신 그림도 세이렌을 뜻한다고 해."

"오, 신기하다."

"세이렌의 노랫소리를 듣게 되면 정신이 홀려서 바위에 부딪혀 죽게 된다는 거야. 그래서 선원들은 귀를 막은 채 노를 저어 가고, 노래가 궁금했던 오디세우스는 배에 자기 몸을 꽁꽁 묶고 무사히 지나가지. 스타벅스가 세이렌을 상징하는 그림을 넣은 것도 카페 안으로 홀리듯 들어오라는 의도였다는구나."

"재미있어요. 다른 거 또 없어요?"

책의 재미를 알아 가길 바라는 마음에서 이야기를 들려줬지만, '너희도 이야기를 할 수 있다'는 용기 또한 주고 싶었습니다.

"우리 요즘 읽고 있는 《돼지를 키운 채식주의자》의 작가가 누구지?"

"이동호요."

"이동호 작가는 군인이었대. 10년간 군 생활을 하다가 귀농했는데, 공장식 양돈 산업을 가까이에서 보고 동물권에 관심을 갖게 되어 1년여 동안 자연 양돈을 해. 그리고 그 기록을 인터넷에 연재했는데 많은 사람이 흥미롭게 읽고 인기를 끌어 책으로 나오게 되었다는구나."

"진짜요?"

"응! 혹시 《달러구트 꿈 백화점》 읽어 본 사람 있니?"

"저요! 학교 도서관에서 빌려 읽어 봤어요."

"그 책 재미있어요. 2권도 나왔어요."

"책을 쓴 이미예 작가도 원래는 이공계 대학을 졸업해서 관련 회사를 다녔대. 평소 글쓰기를 좋아해 책을 내게 되었다는구나. 《달러구트 꿈 백화점》이 큰 인기를 얻게 되면서 전문 작가로 살고 있대."

"흠. 그럼, 선생님도 책 써 보세요."

"내가?"

"네, 선생님도 알림장에 글 쓰시잖아요."

"선생님도 할 수 있잖아요."

갑작스러운 아이들의 제안에 당황스러웠습니다. 하지만 아이들에게는 할 수 있다고 하면서 제가 못 한다고 할 수 없었습니다.

"그래. 선생님도 노력해 볼게."

"선생님, 책에 저희 이야기 많이 써 주세요."

"제 이름 제일 많이 써 주세요."

제가 해낼 수 있을까요? 아이들의 제안과 응원에 저도 용기를 내 봅니다. 그리고 제가 해내는 것을 아이들에게 보여 주고 싶습니다. 저를 보며 아이들도 용기 내어 자신의 삶을 개척해 가기를 바랍니다.

1월 2일

○

아이들의 위로

교사인 제게 1월은 아이들과의 마지막을 준비하는 동시에 다음 한 해를 준비하는 시기입니다. 며칠 전에는 고민이 되더군요. 교사가 어떤 자리에 위치해야 아이들에게 가장 좋을지요. 선생님으로서 더 노력해야 할 점이 무엇인지도 궁금했습니다. 그래서 아이들에게 물어보고 도움을 받기로 했습니다. 냉철한 대답을 얻고 싶어 기술의 힘을 빌려 무기명으로 설문 조사를 진행했습니다. 무기명이라 하니 아이들이 매우 신나 보이더군요. 익살스럽게 저를 쳐다보는 표정에 뭔지 모를 두려움이 엄습해 오기도 했습니다.

질문은 다음과 같았어요.

- 학년 혹은 학년군 선생님께 요구되는 자질은 무엇입니까?
- 선생님은 다음 학년도에 어떤 역할이 가장 어울릴까요?(전담, 교육청으로 전직, 휴직, 담임 등)
- 담임 선생님을 추천한다면 그 이유는 무엇이며, 몇 학년을 추천하나요?
- 담임 선생님 외 다른 것을 추천한다면 그 이유는 무엇인가요?
- 담임 선생님과 생활하며 좋았던 점(즐거웠거나 행복했던 점)은 무엇인가요?
- 담임 선생님과 생활하며 아쉬웠던 점(속상했던 점, 싫었던 점, 힘들었던 점)은 무엇인가요?
- 선생님이 더 발전하기 위해 노력해야 할 점은 무엇인가요?
- 선생님과 생활하며 깨닫거나 배운 점이 있다면 무엇인가요?

저학년 아이들은 아직 어리니까 신경 쓸 점이 매우 많다고 하네요. 복도나 교실을 뛰어다니다 자주 넘어지고 서로 싸워서 울기 때문에 선생님의 친절함과 화해시키는 능력이 필요하다고 합니다. 중학년은 공부나 인간관계 등을 본격적으로 연습하는 단계라 선생님이 큰 관심을 기울여야 할 때랍니다. 고학년은 사춘기라 어린 학년보다 더 말을 안 들을 수 있고 친구끼리 갈등이 생기기 가장 쉬운 나이라고 합니다. 고학년이니 알아서 하겠지 생각하지 말고 하나하나 세심하게 알려 줘야 한다네요. 공부를 가르칠 때도 신경 써 줘야 하지만, 그렇다고 너무 공부만 시키면 무조건 지루하다고 느낄 거니까 간단한 놀이 학습도 하면 좋다고 합니다. 답변을 읽고 나니 고학년 선생님 너무 어렵네요.

　다음 학년도의 제 역할에 대한 추천은 담임 선생님과 휴직이 다수를 차지했는데요. 자유를 좋아하는 선생님이니 1학년에게 자유를 느끼게 해 주면 좋겠다는 응답과 세상 물정 모르는 1학년에게 사회 이야기를 들려주면 굉장히 지루해할 테니 6학년을 추천한다는 정반대의 응답이 동시에 나와 흥미로웠습니다. 4학년은 신경 쓸 게 많고 그 아래 학년은 체력이 많이 소모되며, 6학년은 여러 가지 문제로 힘드니 중간인 5학년을 추천한다는 응답에서는 선생님을 생각하는 마음이 느껴져 고마웠습니다. 또 몇 년 동안 고생하셨던 것 같아 이제는 쉬엄쉬엄 휴식을 취하고 다시 충전해 학생들을 열심히 가르쳐 줬으면 하는 마음으로 휴직을 추천한다는 많은 수의 응답에 큰 위로를 받았습니다.

저와의 생활 중 가장 좋았던 것으로는 아침 산책을 꼽았습니다. 선생님, 친구들과 친밀감을 쌓을 수 있었을 뿐만 아니라 달리지 않고 천천히 걸으며 보고 느낄 수 있어 좋았다고 합니다. 여러 프로젝트 활동이 즐거운 추억으로 남았고, 써클을 만들어 서로 이야기를 나누거나 간단한 놀이를 함께했던 것이 공부에 지쳐 있던 몸과 마음을 다시 깨워 줬다네요.

반면 책 읽기와 글쓰기는 어려워서 조금만 하면 좋겠다고 합니다. 내 마음을 이해해 주지 않고 다른 친구의 편을 들거나 혼날 때는 힘들었다고 하네요. 더 공감해 주면 좋겠다는 응답에 아이들에게 주의를 주거나 꾸중했던 기억들이 떠올랐습니다. 좀 더 아이들 입장으로 생각하지 못하고 제 감정을 앞세운 것 같아 미안했습니다.

1년 동안 선생님과 함께하며 글쓰기가 생각보다 쉽다는 것, 우리의 쓰레기가 가난한 나라에 가듯 모든 것이 연결되어 있다는 사실을 깨달았다는 이야기도 있었습니다. 무엇보다 선생님 덕에 더 성장했다, 나의 잘못이나 행동을 고치는 데 큰 도움이 되었다, 사람을 만날 때 어떻게 행동하고 교감해야 하는지 배웠다, 규칙 내에서 허락된 자유가 엄격한 규칙보다 어렵다는 것을 알게 되었다, 나를 위해 열심히 살아야겠다는 응답을 읽고 아이들의 성숙한 생각에 가슴이 벅차올랐습니다.

지난주 아이들이 중학교 생활에 대한 불안보다 기대감을 갖게 된 것처럼, 저도 새롭게 시작될 한 해를 염려하기보다 기대하겠습니다. 올해 아이들과 배움의 씨앗을 함께 심고 가꾸며 좋은 열매를 맺었듯 앞으로도 그럴 것이라 믿습니다. 지혜로운 아이들로 성장할 수 있도록 도움 주신 보호자들께도 정말 감사합니다.

1월 3일

○

마지막 인사:
새로운 시작을
마주한 모두에게

안녕하세요? 6학년 3반 담임 이승미입니다. 올해 담임을 맡은
후 아이들과의 생활을 앱을 통해 보호자님과 공유해 왔습니다.
교실 이야기를 전해 보호자께서 걱정을 덜고 긍정적인 마음을
가지실 수 있게 하기 위해서였습니다. 가정에서 아이들과 학급
을 주제로 대화하는 데 도움을 드리려는 생각도 있었습니다.

　시작은 보호자님을 위한 것이었지만, 아이들과 저에게도 큰
도움이 되었습니다. 보호자님의 지지 아래 아이들은 교실에서
더 열심히 즐겁게 생활할 수 있었고, 저는 아이들과 한층 밀도
있는 교육 활동을 할 수 있었습니다.

　여러 부족한 점이 있었음에도 대화할 때마다 늘 응원해 주
셔서 감사합니다. 앞으로의 교직 생활로 미진한 부분들을 채워

가겠습니다. 아이들처럼 저 또한 성숙해 가리라 기대합니다.

초등학교 생활을 마치는 동시에 중학교 생활의 시작을 마주하고 있습니다. 보호자께서는 새로운 출발을 앞둔 자녀에게 어떤 것을 선물해 주고 싶으신가요?

1. 밑그림과 칠할 색이 정해져 있는 색칠 공부 책
2. 밑그림이 그려져 있는 색칠 공부 책
3. 흰 종이

1의 결과는 완성하지 않더라도 모두가 예상할 수 있습니다. 어떠한 자율성도 개성도 없는 동일한 결과를 얻을 수 있지요. 칠할 색에 대한 자유를 주더라도 밑그림이 정해져 있는 한 나타내고자 하는 주제는 고정되어 있습니다. 그러나 흰 종이만 줬을 때는 다릅니다. 일단 자신이 나타내고자 하는 주제를 밑그림에 반영할 수 있습니다. 내 맘대로 채색하거나 잡지를 오려 붙이는 콜라주 기법을 쓸 수 있고, 밑그림 없이 종이를 찢고 접어서 입체적인 작품을 만드는 것도 가능합니다. 제한을 두지 않을수록 누구도 예상하지 못한 나만의 개성을 담은 작품을 만들어 낼 수 있습니다.

얼굴 없는 거리의 화가로 유명한 뱅크시를 아시나요? 2018
년, 그의 작품 〈풍선과 소녀〉가 영국 소더비 경매에 나와 약 15
억에 낙찰되었는데요. 낙찰 직후 액자 틀에 숨겨져 있던 소형
분쇄 장치가 가동되며 그림 절반이 파쇄기에 갈린 듯 가늘게
잘렸습니다. 그림이 잘려 액자 밑으로 내려오면서 소녀의 얼굴
이 액자 틀에 가려지는 불상사가 일어났지만, 낙찰자는 파쇄가
중단된 상태 그대로 구매를 확정 지었습니다. 액자 틀을 벗어
나 잘린 그림도 예술이 될 수 있음을 보여 준 이 작품은 3년 뒤
같은 경매에서 무려 20배나 오른 300억 원에 낙찰됩니다. 그림
이 잘려 나갈 줄 누가 상상이나 했을까요? 하지만 사람들은 작
품의 주제를 표현하는 새로운 방법에 감명받았습니다. 또 희소
성에 더 높은 가치를 줬습니다.

뱅크시처럼 우리 아이들도 제한 없는 방식으로 만들어 낸 자
신만의 멋진 인생을 살아가길 바랍니다. 아이들이 그 길 속에서
어려움을 만났을 때 보호자께서 많이 도와주시면 좋겠습니다.

한 해 동안 정말 감사했습니다. 아이들이 바르게 성장하고
가정에 행복과 건강이 함께하기를 기원합니다. 새로운 여정을
시작하는 아이들과 보호자님을 마음 깊이 응원하겠습니다. 감
사합니다.

에필로그

여전히
좋은 선생님이
되고 싶습니다

요즘 교육 현장을 둘러싼 교사와 보호자 사이의 갈등을 바라보면 안타까움이 앞섭니다.

교사는 교실에서의 교육 활동을 아동학대 또는 학교폭력 신고 등으로 침해받을까 걱정합니다. 그래서인지 보호자의 전화도 반갑지 않습니다. 교육 경력이 긴 저 또한 인터넷 기사에서 쉽게 볼 수 있는 흉흉한 소식에 언제든 그 기사의 주인공이 될 수 있을 것 같아 무섭습니다. 소중한 교육적 가치로 가득 채워야 하는 아이들과의 삶을 스스로 검열하고, 위축된 모습으로 지내는 저를 발견하며 슬퍼지기도 했습니다.

반면 보호자는 교실에서의 내 아이가 궁금한데 마냥 거리를 두는 교사가 어렵고 답답합니다. 담임 선생님은 어떤 교육적 가치관을 가진 사람인지, 아이들과 교실에서 어떻게 지내는지 알고 싶습니다. 또 친구들과의 관계는 어떠한지, 내가 모르는 모습이 있는지, 친구들과는 다른 우리 아이만의 장점은 무엇인지 물어보고 싶습니다. 알지 못하니 갑갑하고 오해하며 탓하게 됩니다.

서로 소통하지 않은 채 교사는 보호자를 경계하고 보호자는 교사를 의심하는 사이 신뢰는 낮아지고 갈등의 골은 깊어만 갑니다. 저는 더 이상 이런 반목과 두려움 속에서 아이들과 함께할 자신이 없었습니다. 사실 보호자가 학교의 사정을 알기는 쉽지 않습니다. 그래서 많은 보호자가 모여 있는 맘카페를 통해 상황을 공유하는 과정에서 오해가 불거지기도 합니다. 저는 학교와 보호자, 그리고 교사와 보호자의 갈등을 줄이고 신뢰를 회복하려면 교사가 먼저 소통의 창구를 열어야 한다고 생각했습니다.

다행스럽게도 많은 가정에서 소소하게 전달되는 교실 이야기에 같이 미소 짓고 뜻을 모아 주셨습니다. 그 든든한 지지 덕분에 아이들과 더 다양하고 의미 있는 교육 활동을 할 수 있었고 개인 상담을 할 때면 교실 상황을 공유하지 않고도 깊이 있는 이야기를 나눌 수 있었습니다. 또한 가장 우려했던 아이들간의 갈등 상황에서 내 아이의 입장만을 앞세우며 상대방을 책잡지 않고 한발 물러나 서로를 헤아리려 노력하셨습니다. 지금 당장 해결되지 않아도, 만족스러운 결과가 아닐지라도 교사와 아이들을 신뢰하며 기다려 주셨습니다. 어른들의 기다림을 바탕으로 아이들은 스스로 지혜를 발휘했고 관계를 회복해 나갈 수 있었습니다.

한 해를 마치고 봄을 기다리던 늦은 겨울 어느 날 한 보호자께 문자를 받았습니다.

"문득 퇴근길에 선생님이 생각났습니다. 1년 동안 애쓰고 노력하신 선생님께 인사도 못 드린 것 같아 마음이 무거웠어요. 새해 복 많이 받으세요. 한 해 동안 감사했습니다. 그리고 제 아이에게 너무 멋진 선생님이셨어요."

이 따뜻한 인사가 힘들었던 저의 1년을 위로하고 다시 기운나게 합니다.

소크라테스는 서로 반대의 의미를 지닌 두 단어가 동시에 존재하는 경우는 거의 없지만, 둘 중 어느 하나를 쫓아가 붙잡으면 다른 한쪽도 거의 언제나 붙잡게 된다고 했습니다. 1년을 보내고 나니 보호자를 위해 시작했던 소통이 교사인 저를 위한 일이기도 했음을 깨닫습니다.

이제 교사와 보호자 모두 경계와 의심을 거두고 조금씩 곁을 허락해 보는 것은 어떨까요?

앱을 통해 교실 이야기를 공유한 이 작은 노력이 서로의 신뢰를 회복하는 방법의 하나임을 기록으로 남깁니다. 그리고 오늘도 아이들에게 서툴고 부족한 하루겠지만, 여전히 좋은 선생님이 되고 싶습니다.

루리, 《긴긴밤》
문학동네, 2021

세상에 마지막 하나 남은 흰바위코뿔소 노든과 그의 품에서 태어난 어린 펭귄이 보여 주는 사랑의 연대. 노든은 펭귄을 위해 수없이 많은 긴긴밤을 함께하며 한 번도 본 적 없는 바다를 찾아간다. 불완전한 존재들이 모여 완전함을 이루는 감동적인 이야기 속에서 나와 내 주변의 사람을 돌아보게 하는 책. 글 중간마다 작가가 직접 그린 아름다운 그림을 보며 잠시 눈을 감고 주인공과 풍경을 상상할 수 있다.

#멸종위기동물 #사랑과연대 #불완전 #존엄

루이스 새커, 《수상한 진흙》
김영선 옮김, 창비, 2015

모범생 타마야, 가족의 무관심으로 문제아가 된 채드, 채드에게 괴롭힘을 당하는 마셜이 주인공이다. 세 아이의 갈등과 모험이 선레이 농장이 일으킨 환경적 재앙과 맞물려 짜임새 있게 전개된다. 용기와 관계의 회복, 환경의 중요성을 깨달을 수 있는 이야기다.

#갈등 #용기 #모험 #환경 #추리

은소홀,《5번 레인》
노인경 그림, 문학동네, 2020

앞날에 대한 고민과 선택, 서로를 향한 위로 속에서 자라는 열세 살 아이들을 입체적으로 그렸다. 경기에서 승리하는 것을 넘어 수영 자체를 즐기는 주인공들의 모습이 우리에게 많은 생각거리를 준다. 1등을 시키고 싶은 엄마와 엄격한 수영 선생님 광수 사이에서 성장하는 수영 선수 준호의 이야기를 다룬 영화 〈4등〉을 같이 보는 것을 추천한다.
#성적지상주의 #정체성 #나다움 #성장

이동호,《돼지를 키운 채식주의자》
창비, 2021

한 청년이 귀촌해 열악한 축산업계를 보며 자연 양돈을 결심한다. 긴장감 넘치는 돼지 사육 현장에서는 웃음을, 성체가 된 돼지의 마지막 순간을 준비하는 과정에서는 여러 질문을 선물한다. 앙증맞은 돼지 그림과 작가의 맛깔나는 이야기 속에서 쉽게 소비하는 고기가 아닌 동물, 돼지에 대해 생각해 볼 수 있다.
책의 프롤로그에는 6학년에게 어려운 어휘가 많다. 교사가 함께 읽으며 충분한 설명을 곁들이는 것을 권한다. 한 학급 아이들이 돼지를 키우며 내가 키운 돼지를 먹을 수 있는가를 고민하는 일본영화 〈P짱은 내 친구〉나 봉준

호 감독의 〈옥자〉를 같이 봐도 좋다.

#자연양돈 #동물권 #채식과육식

이희영, 《페인트》

창비, 2019

국가에서 센터를 설립해 부모가 없는 아이들을 키워 준다. 이들은 청소년이

되면 예비 부모를 직접 면접한 뒤 선택할 수 있는 권한을 지닌다. 가족의 의

미와 부모 자식의 관계에 대한 문제의식을 불러일으키는 소설.

#가족 #부모자식관계 #부모의자격 #어른다움

김소영, 《어린이라는 세계》

사계절, 2020

누구나 거쳐 가는 어린이의 시기, 미숙하다고 치부하기에는 삶을 대하는 그들의 태도가 사뭇 진지하다. 주변의 어린이부터 가장 가깝게는 자녀에 이르기까지, 내가 만나는 모든 어린이를 친절히 대하고 존중하는 마음을 갖게 하는 책. 서툴다는 의미로 '어린이'를 붙여 '경린이' '부린이' '요린이'라 부르는 세태가 불편해진다.

#친절 #존중 #품위 #성숙 #어린이

조너선 하이트, 《불안 세대》

이충호 옮김, 웅진지식하우스, 2024

많은 부모가 아이들을 현실의 위험으로부터 과잉보호한다. 반면 전자 기기는 손에 쥐여 준다. 아이들은 스마트폰과 SNS로 인해 뇌가 망가지고 혼란과 외로움에 사로잡혔다. 저자는 하루빨리 자유로운 신체 놀이와 모험을 아이들에게 되돌려 주고, 사회성을 발달시키며 불안을 조절할 수 있는 능력을 길러 줘야 한다고 주장한다.

#스마트폰중독 #자유로운놀이 #모험 #불안 #사회성

김누리, 《경쟁 교육은 야만이다》
해냄, 2024

경쟁·능력주의·공정 이데올로기가 대한민국을 세계에서 가장 우울한 나라로 만들었다고 이야기하는 책. 경쟁 교육이 사회 체제에 무조건 순응하는 시민을 기르고, 이 건강하지 않은 적응이 열등감과 무기력만을 남겼다고 분석하며 인간 존엄성을 회복하는 교육 패러다임의 대전환이 필요하다고 역설한다.

#경쟁 #능력주의 #공정 #존엄성 #교육대전환

손주은 외, 《채용 대전환, 학벌 없는 시대가 온다》
교육의봄 기획, 우리학교, 2022

학벌과 스펙으로 사람을 뽑는 시대는 끝났다. 채용 대전환의 시대에 자기 분야에서 성공한 일곱 전문가가 직업 및 교육에 대한 통찰을 보여 준다. 한마디로 설명되지 않는 직업이 등장한 세상에 맞는 새로운 인재상의 요소로, 자신이 좋아하고 잘할 수 있는 것이 무엇인지 아는 것·문제 해결력·협업 능력·자립심·이타심을 제시한다.

#학벌 #스펙 #채용대전환 #새로운인재

참고도서

김현경, 《사람, 장소, 환대》, 문학과지성사, 2015

나태주, 《풀꽃》, 지혜, 2021

데이비드 무어, 정지인 옮김, 《경험은 어떻게 유전자에 새겨지는가》, 아몬드, 2023

마이클 샌델, 함규진 옮김, 《공정하다는 착각》, 와이즈베리, 2020

바버라 내터슨 호로위츠·캐스린 바워스, 김은지 옮김, 《와일드후드》, 쌤앤파커스, 2023

박노해, 《그러니 그대 사라지지 말아라》, 느린걸음, 2010

브라이언 헤어·버네사 우즈, 이민아 옮김, 《다정한 것이 살아남는다》, 디플롯, 2021

서은국, 《행복의 기원》, 21세기북스, 2021

송길영, 《시대예보: 핵개인의 시대》, 교보문고, 2023

아네트 라루, 박상은 옮김, 《불평등한 어린 시절》, 에코리브르, 2012

천현우, 《쇳밥일지》, 문학동네, 2022

타일러 라쉬, 《두 번째 지구는 없다》, RHK, 2020

토드 로즈, 정미나 옮김, 《평균의 종말》, 21세기북스, 2021

토드 로즈·오기 오가스, 정미나 옮김,《다크호스》, 21세기북스, 2019

플라톤, 문창옥·김영범 옮김,《소크라테스의 변론·파이돈》, 서해문집, 2008

한나 아렌트, 김선욱 옮김,《예루살렘의 아이히만》, 한길사, 2006